Jörg Michel

BRITISH COLUMBIA

Kanada

50 TIPPS ABSEITS der ausgetretenen PFADE

360° medien

IMPRESSUM
British Columbia – Kanada
50 Tipps abseits der ausgetretenen Pfade
Jörg Michel

Nachtigallenweg 1 I 40822 Mettmann
360grad-medien.de

Redaktion und Lektorat: 360° medien

Satz und Layout: Marc Alberti

Gedruckt und gebunden:
LD Medienhaus I Hansaring 118 I 48268 Greven I www.ld-medienhaus.de

Bildnachweis: siehe Seite 256

ISBN: 978-3-96855-509-6
Hergestellt in Deutschland

360grad-medien.de

Jörg Michel

BRITISH COLUMBIA

Kanada

50 TIPPS ABSEITS der ausgetretenen PFADE

360° medien

VORWORT

Liebe Leserinnen und Leser,

willkommen in British Columbia! Ich freue mich, dass Sie sich für die westlichste aller kanadischen Provinzen interessieren, von einer Reise hierher träumen oder schon ganz konkret eine Tour planen. Vielleicht kennen Sie British Columbia ja auch schon und es geht Ihnen wie mir: Wer einmal hier war, der kehrt immer wieder zurück.

Ich war 17 Jahre alt, als ich zum ersten Mal nach British Columbia reiste. Ich war auf einem Schüleraustausch in den USA und hatte ein paar Tage in Victoria verbracht. Schon damals habe ich mich hier wohl gefühlt. Ich war begeistert von den freundlichen Menschen, der wunderbaren Natur, dem entspannten Lebensstil, den vielen Kulturen und dem faszinierenden Erbe der Ureinwohner.

Also kam ich wieder, erst als Student, dann als Besucher, später als Journalist. Heute berichte ich immer wieder aus dieser wunderbar vielfältigen Provinz, die zweieinhalb Mal so groß ist wie Deutschland oder 23-mal so groß wie die Schweiz. Dabei bin ich stets auf der Suche nach jenen magischen Orten abseits der üblichen Pfade, die man gerne mit Kanada verbindet, aber nicht immer so leicht findet.

In dieser aktualisierten und ergänzten 2. Auflage möchte ich einige meiner Entdeckungen mit Ihnen teilen. Ich möchte Sie einladen, mit mir das unbekanntere British Columbia zu erkunden. Denn die Provinz hat neben den großen Blockbustern auch weniger bereiste Ecken zu bieten, die nicht an den Hauptrouten der Reiseveranstalter oder Wohnmobilanbieter liegen, die es aber genauso wert sind, besucht zu werden.

Natürlich finde ich den Inner Harbour in Victoria schön, natürlich schlendere ich auch gern durch Whistler, und in Vancouver wandere ich durch den Stanley Park, wann immer ich kann. Aber British Columbia ist mehr, und es gibt eben auch Tage, an denen ich weg will vom Gewimmel, an denen ich eins sein will mit mir, meiner Familie und jenem großartigen Land, in dem ich lebe und reise.

Ich vermute mal, auch Ihnen geht es so, vielleicht nicht immer, aber ab und zu. Vielleicht möchten auch Sie British Columbia einmal mit anderen Augen sehen und erleben. Vielleicht haben Sie die gängigen Attraktionen auf früheren Reisen ja auch schon besucht und suchen nach neuen Ideen, neuen Impulsen oder schlicht nach neuen Gründen, wieder einmal nach British Columbia zu kommen.

In diesem Sinne ist dieser Band kein üblicher Reiseführer, der bekannte Ziele abhakt. Die finden Sie im Internet, im Blog oder anderweitig im Buchregal. Vielmehr möchte ich Ihnen Stadtviertel zeigen, die nicht schon x-mal beschrieben worden sind. Ich nehme Sie mit auf Ausflüge, auf denen Sie vor allem locals treffen. Ich wandere mit Ihnen auf Wegen, die auf manchen Karten nur dünn gedruckt sind.

Meine Auswahl ist persönlich und subjektiv. Manche Highlights sind so unbekannt, dass selbst mein Nachbar sie nicht kennt. Andere wiederum liegen mitten in touristischen Hotspots, dort aber fern der großen Busladungen. Einige Ziele finden Sie am Straßenrand, für andere wiederum müssen Sie einige Tage extra einplanen. In manchen Fällen werden Sie unter Menschen sein, manchmal ganz allein.

Nicht alle Sehenswürdigkeiten in diesem Buch sind ein „Muss". Aber alle haben eines gemeinsam: Sie gehören zu meinen Lieblingsorten in British Columbia und bieten vielleicht auch Ihnen die Chance auf ein einmaliges Erlebnis, auf einen Moment, den Sie womöglich nicht vergessen werden.

Ich wünsche Ihnen viel Freude, viel Spaß und vor allem viel Abenteuerlust auf Ihrer Entdeckungstour durch British Columbia!

Jörg Michel

INHALTSVERZEICHNIS

WILLKOMMEN IN BRITISH COLUMBIA 10

TOP TEN DER SEHENSWÜRDIGKEITEN 14

KURIOSES & BESONDERHEITEN 20

VANCOUVER 26

1. Barclay Heritage Square: Das alte Vancouver zwischen Stanley Park und Burrard Street 30
2. Dr. Sun Yat-Sen Classical Chinese Garden: Oase der Ruhe mitten in der Stadt 34
3. Railtown: Das Brooklyn von Vancouver 38
4. UCB Botanical Gardens: Thrill in den Baumwipfeln 42
5. Deep Cove: Paddel-Paradies am Indian Arm 46
6. Lynn Canyon Park: Die andere Hängebrücke 50
7. Wreck Beach: Strand für Freizügige 54

RUND UM VANCOUVER 56

8. Kilby Historic Site and Farm: Kleinod am Fraser River 60
9. Train-Wreck von Whistler: Street-Art im Regenwald 64
10. Garibaldi Lake: Wandertour ins alpine Hochland von Squamish 68
11. Brackendale: Wo die Adler kreisen 72
12. Salt Spring Island: Öko-Markt in ländlicher Idylle 76
13. Sidney Island: Karibik in Kanada 80
14. Steveston: Die Fischereihauptstadt von British Columbia 84

VANCOUVER ISLAND 88

15. Goldstream Provincial Park: Naturschauspiel Lachse 92
16. Botanical Beach: Die stürmische Küste bei Port Renfrew 96
17. Bamfield: Mit dem Frachtschiff durch das Alberni Inlet 100

18. Forbidden Plateau: Paradiesische Wanderung im Strathcona Park ... 104
19. Hot Springs Cove: Heiße Quellen an der Küste vor Tofino ... 108
20. Meares Island: Ground Zero der Waldschützer ... 112
21. Cormorant Island: Wo der Potlatch wieder auferstanden ist ... 116
22. San Josef Bay: Ein Ort wie geschaffen für Adam und Eva ... 120

DIE PAZIFIKKÜSTE ... 124
23. Knight Inlet: Wo die Grizzlybären Fische fangen ... 128
24. Broughton Archipelago: Paradies für Segler, Paddler und Walbeobachter ... 132
25. Powell River: In diesem Städtchen schlägt das Herz der Sunshine Coast ... 136
26. Klemtu: Zu den mystischen Geisterbären des Great Bear Rainforest ... 140
27. SGangGwaay: An diesem Ort auf Haida Gwaii hat die Welt einmal begonnen ... 144
28. Naikoon Provincial Park: Strandwanderung zum Wrack der Pesuta ... 148
29. Freedom Road: Abenteuerliche Autofahrt an die Pazifikküste von Bella Coola ... 152

DAS LANDESINNERE ... 156
30. Hat Creek Ranch: Die alte Raststätte an der Cariboo Wagon Road ... 160
31. Spotted Lake: Naturwunder in der Wüste ... 164
32. Osoyoos: Wo die First Nations Wein keltern ... 168
33. Myra Canyon: Radtour auf den Spuren der alten Kettle Valley Railway ... 172
34. Sicamous: Kapitän sein in der Hausboot-Hauptstadt von Kanada ... 176
35. Kaslo: Das Schatzkästchen der Kootenays ... 180
36. St. Eugene: Museum und Resort in der alten Backsteinschule der Ktunaxa ... 184

DER NORDEN 188
37. Nisga'a Memorial Lava Bed: Im Land der Vulkane 192
38. Stewart: Grenzstädtchen im Niemandsland 196
39. Stewart-Cassiar Highway: Roadtrip nach Norden 200
40. Bennett Dam: Staudamm der Superlative 204
41. Tumbler Ridge: In den Fußabdrücken der Dinosaurier 208
42. Kinuseo Falls: Die Niagara Falls des Nordens 212

DIE BERGE 216
43. Lussier Hot Springs: Verborgene Quellen in den Rocky Mountains 220
44. Bugaboo Mountains: Wandern unter Felsnadeln 224
45. Kootenay National Park: Entlang der Rockwall im alpinen Hochland der Rockies 228
46. Yoho National Park: Über den Iceline Trail zum alten Chalet der Canadian Pacific Railway 232
47. Lake O'Hara: Eine Busfahrt zur Seele Kanadas 236
48. Mount Assiniboine: Zum Matterhorn der Rocky Mountains 240
49. Meadows in the Sky Parkway: Straße ins Wildblumenparadies 244
50. Berg Lake: Die spektakuläre Nordseite des Mount Robson 248

REGISTER 252

BILDNACHWEIS 256

Hinweis: Aus Gründen der besseren Lesbarkeit wird auf eine geschlechtsneutrale Differenzierung verzichtet. Entsprechende Begriffe gelten im Sinne der Gleichbehandlung grundsätzlich für alle Geschlechter. Die verkürzte Sprachform beinhaltet keine Wertung.

Totempfahl der Tlingit

WILLKOMMEN IN BRITISH COLUMBIA!

Der 7. November 1885 war ein wichtiger Tag in der Geschichte Kanadas. An einem wolkenverhangenen Morgen um Punkt 9 Uhr 22 hämmerte der Bankier Donald A. Smith am Eagle Pass in den Rocky Mountains den letzten Nagel der transkontinentalen Eisenbahnlinie in eine Schwelle aus Holz. „The last Spike" nennen die Kanadier das historische Ereignis, das als eine Art Geburtsstunde ihres Landes gilt.

Mit der Bahnverbindung zwischen Ost und West erfüllte die Regierung ein Versprechen, das sie 1871 an die damalige Kolonie British Columbia gegeben hatte. Zu diesem Zeitpunkt waren die Bewohner dort noch unschlüssig gewesen, ob sie den Vereinigten Staaten oder dem noch jungen Land Kanada beitreten sollten. Dank der Canadian Pacific Railway wurde British Columbia schließlich eine Provinz und gehört seitdem zu Kanada. Manche werden sagen, ein Glück!

Heute ist British Columbia die westlichste und zugleich die drittgrößte Provinz des Landes. Rund 5,5 Millionen Menschen leben dort auf einer Fläche etwa viermal so groß wie Großbritannien –

Die transkanadische Eisenbahn verkehrt auf den Gleisen der Canadian Pacific Railway.

knapp die Hälfte davon im Großraum Vancouver. Rund sechs Prozent der Bewohner haben indigene Wurzeln. Ihre Vorfahren lebten schon zwischen Rocky Mountains und Pazifischem Ozean, lange bevor die ersten Europäer in der Region auftauchten.

Indigene Totemfähle auf Newcastle Island nahe Nanaimo auf Vancouver Island.

Gelebt wird ein buntes Miteinander. Zwar hat die überwiegende Zahl der Bewohner noch immer europäische Wurzeln. Doch das Mosaik wird jedes Jahr vielfältiger. Mehr als 15 Prozent der Bewohner sind chinesischen und indischen Ursprungs, im Großraum Vancouver sogar noch mehr. Gesprochen werden im Alltag Dutzende Sprachen aus aller Welt, dazu kommen rund 30 indigene Sprachen und etwa 60 indigene Dialekte. Dank der Zuwanderung ist auch die Küche entsprechend abwechslungsreich. Neben Restaurants mit europäischer oder amerikanischer Tradition finden sich in vielen Städten immer mehr kulturelle Kieze und Foodtrucks mit Speisekarten aus aller Herren Länder, viele davon asiatisch geprägt.

Die Popularität der Provinz ist trotz hoher Lebenshaltungskosten und zunehmendem Wohnungsmangel scheinbar ungebrochen. Rund 100.000 Menschen aus dem In- und Ausland ziehen jedes Jahr neu nach British Columbia. Sie lockt die hohe Lebensqualität, der enorme Freizeitwert, die tolerante Atmosphäre. Vancouver gilt als der Geburtsort von Greenpeace, als die Hauptstadt von Cannabis, als eine Art Sehnsuchtsort für Aussteiger, Friedensbewegte und Umweltschützer.

Dank seiner natürlichen Vielfalt gehört British Columbia auch für viele Besucher zu den beliebtesten Regionen in Kanada. Die Provinz besticht mit über 25.000 Kilometern Küstenlinie, rund 40.000 Inseln und Inselchen, 20.000 Seen, einigen der höchsten

Gipfel der kanadischen Rocky Mountains sowie riesigen Waldflächen. Rund zwei Drittel der gesamten Provinzfläche ist mit Bäumen bedeckt – darunter sind auch einige der ältesten und größten Mammutbäume der Welt. Manche sind über 1000 Jahre alt.

Auch die Tierwelt ist atemberaubend: In den Wäldern und an den Küsten leben unter anderem 15.000 Grizzlybären und 4000 Berglöwen, so viele wie an keinem anderen Ort in Kanada. In den Gewässern vor der Küste ziehen dank umfangreicher Schutzmaßnahmen heute wieder mehr als 20.000 Grauwale ihre Kreise. Sie zu sehen und zu erleben, gehört zum Highlight jeder Reise.

Geschützt werden Flora und Fauna von British Columbia in über 400 Provinz- und sieben Nationalparks. Vier Welterbestätten aus British Columbia haben es auf die prestigeträchtige Liste der UNESCO geschafft: die Kootenay und Yoho National Parks sowie der Mount Assiniboine Provincial Park in den Rocky Mountains dazu die Insel SGangGwaay auf dem Haida-Gwaii-Archipel (siehe Tipps 27, 45, 46, 47 und 48).

Verwöhnt werden Bewohner wie Besucher vom angenehmen Klima. In den Küstenregionen von British Columbia sind die Winter mild und kurz. In manchen Regionen, wie etwa auf den Gulf Islands oder auf Vancouver Island, blühen die ersten Bäume manchmal schon Ende Februar. Die Sommer an der Küste gelten als moderat, denn die Temperaturen steigen dort nur selten über 25 Grad. Dafür gibt es an der Küste viel und reichlich Regen. Regenschirme also nicht vergessen! Die Hafenstadt Prince Rupert gilt als regenreichste Gemeinde in Kanada: Glaubt man den Statistiken, regnet, schauert oder tröpfelt es in Prince Rupert an bis zu 240 Tagen im Jahr. In den Bergen liefert die üppige Feuchtigkeit im Winter reichlich Schnee, was British Columbia zu einem der begehrtesten Skigebiete der Welt macht.

Grizzlybär im Great Bear Rainforest

Regenwaldlandschaft nahe Prince Rupert

Allerdings leidet auch British Columbia zunehmend unter den Folgen der globalen Erderwärmung. Im Juni 2021 wurde in dem Örtchen Lytton im Tal des Fraser River mit 49,6 Grad die heißeste jemals in Kanada gemessene Temperatur ermittelt. Nur einen Tag später brannte das Dorf bei einem verheerenden Waldbrand fast komplett nieder. Zwar sind sich die Wissenschaftler in Kanada über das Ausmaß des Klimawandels nicht immer einig. Klar ist aber, dass die Anzahl und Dauer der Waldbrände in British Columbia zuletzt deutlich zugenommen haben. Es ist eine Tatsache, der sich auch Touristen stellen müssen. In manchen Jahren ziehen Rauchschwaden aus Kanada sprichwörtlich um die ganze Welt.

Viele Kanadier sehen das – noch – mit ihrer landestypischen Gelassenheit. Tatsächlich gehört British Columbia wohl zu den entspanntesten Reisezielen der Welt. Die meisten Einheimischen geben sich lässig, höflich und hilfsbereit. Nicht selten entschuldigen sich sogar für Dinge, für die sie gar nichts können. Zugleich sind sie aktiv, sportlich und freizeitbewusst. Ob Paddeln, Skifahren, Angeln, Reiten oder Wandern: In British Columbia kann jeder eine Nische finden und dabei die Abenteuerlust und das Fernweh stillen. Welcome to British Columbia!

TOP 10

DER SEHENSWÜRDIGKEITEN IN BRITISH COLUMBIA

1 **Vancouver Island:** Urzeitliche Regenwälder, wilde Strände, majestätische Totempfähle, schneebedeckte Gipfel – Vancouver Island ist unglaublich vielfältig. Die größte Pazifikinsel in Nordamerika ist rund 400 Kilometer lang, bis zu 100 Kilometer breit und gilt dank ihrer milden Temperaturen als ein Reiseziel für das ganze Jahr: Im Herbst geht es beispielsweise zum Stormwatching an die Küste, im Winter zum Skifahren in die Berge, im Frühjahr zur Baumblüte in die Hauptstadt Victoria, im Sommer zum Baden in die wohltemperierten Gewässer der Salish Sea. Als Bonus gibt es Wildtiere wie Bären, Wale oder Adler. Dazu kommen die vielen Kulturen der First Nations, die sich an kaum einem anderen Ort in Kanada besser erleben lassen als auf Vancouver Island. An Abwechslung ist die Insel wahrlich nicht zu übertreffen – ein Muss für jeden Kanada-Reisenden! *vancouverisland.travel*

2 **Rocky Mountains:** Diese Postkartenmotive haben Kanada auf der ganzen Welt bekannt gemacht: gletscherbedeckte Dreitausender, glitzernde Seen, mächtige Eisfelder, alpine Hochebenen. Für viele Urlauber sind die Rocky Mountains der Hauptgrund für eine Reise nach Kanada. Wer will es ihnen verdenken? Wer wollte nicht schon einmal in einem Kanu auf einem Gletschersee paddeln oder Wildtiere wie Grizzlys oder

Wapiti-Hirsche live beobachten? Zwar liegen die bekannteren Teile der Rocky Mountains in der Nachbarprovinz Alberta und in den USA. Doch der schmale Streifen, der zu British Columbia gehört, ist voller Naturwunder: prähistorischen Fossilien, atemberaubenden Wasserfällen, heißen Thermalquellen, abenteuerlichen Wanderpfaden. Große Teile dieser einzigartigen Landschaften gehören zum UNESCO-Weltnaturerbe – zu Recht! *whc.unesco.org/en/list/304*

---

3 Vancouver: Die größte Metropole von British Columbia gilt als eine der großen Traumstädte der Welt. Bei Umfragen landet Vancouver dank seiner einmaligen Lage, seiner kulturellen Vielfalt und seines hohen Freizeitwerts regelmäßig unter den Top 10 weltweit. Tatsächlich sind die rund 2,5 Millionen Bewohner gesegnet von Kultur und Natur: Sie genießen die Wälder und Parks, die Strände und Fjorde, die Skigebiete direkt vor der Haustüre, dazu die vielen bunten Kneipen, Wohnviertel und Restaurants. Für Urlauber ist Vancouver der ideale Start- oder Schlusspunkt einer Reise, denn die Stadt bietet vieles, was Kanada lebens- und liebenswert macht. Die Kehrseite der Prominenz darf jedoch nicht verschwiegen werden: Vancouver gehört mittlerweile zu den teuersten Städten in Nordamerika. Eine gute und rechtzeitige Planung ist wichtig! *destinationvancouver.com*

4 **Okanagan Valley:** Wer hätte gedacht, dass in Kanada richtig guter Wein gekeltert wird? Das Okanagan Valley im zentralen Binnenland von British Columbia gilt mit rund 200 Kellereien als das zweitgrößte Anbaugebiet in Kanada (nach den Niagara Falls in Ontario) und wird wegen seines heißen Klimas auch gern das „Napa Valley des Nordens" genannt. Tatsächlich scheint die Sonne im Okanagan- sowie im angrenzenden Similkameen Valley im Sommer länger als in Kalifornien! Das tut nicht nur den Rotweintrauben gut, auch Urlauber profitieren davon. Neben Wein und Genuss stehen für viele Besucher der Badespaß und Wassersport im Vordergrund. Der 135 Kilometer lange Okanagan Lake bietet dafür perfekte Möglichkeiten. Städte wie Kelowna, Penticton oder Vernon boomen und gehören zu den am schnellsten wachsenden Gemeinden in Kanada! *hellobc.com/places-to-go/okanagan-valley*

5 **Columbia Mountains:** Wer über den Trans-Canada Highway von Kamloops nach Golden fährt, erlebt mächtige Gebirgszüge. Sie gehören zu den Columbia Mountains, einer bis zu 3500 Meter hohen Bergkette, die oftmals im Schatten der bekannteren Rocky Mountains steht. Doch das ganz zu Unrecht, denn die Columbia Mountains können genauso mit Highlights aufwarten: den Nationalparks Revelstoke und Glacier etwa, dem 1327 Meter hohen Rogers Pass oder dem Provinzpark Wells Gray. Dazu kommt im Winter der sprichwörtliche Powder, der vielen Heli-Skifahrern die Herzen höherschlagen lässt. Bis zu 770 Kilometer lang ist die Kette in Nord-Südrichtung, eingebettet darin sind einige der schönsten Stauseen des

Landes, viele heiße Quellen und urige Bergdörfer. Ach ja, weniger Besucher als in den Rocky Mountains hat es auch – ein Vorteil gerade in der Hauptsaison. *hellobc.com/travel-ideas/mountains*

---

6 **Haida Gwaii:** Der Haida Gwaii-Archipel an der Nordwestküste von British Columbia ist ein mystischer Ort. Auf den rund 150 Inseln und Inselchen, die man früher Queen Charlotte Islands nannte, regnet es viel und häufig, in den verwunschenen Buchten hängt meist dichter Nebel und das Moos auf den Böden ist meterdick. Mittendrin in den wunderlichen Regenwäldern südlich von Alaska findet man allerorten Zeugen der Haida, einem stolzen und wehrhaften Volk, das seit mindestens 13.000 Jahren auf den Inseln lebt. Die Totempfähle, Langhäuser und Kunstwerke der Haida gehören zu den markantesten indigenen Kulturgütern in Kanada. Der Tourismus auf den Inseln steckt noch in den Kinderschuhen. Es gibt nur wenige Straßen, wenige Einkaufsmöglichkeiten, wenige Annehmlichkeiten der Zivilisation, dafür Natur und Kultur pur. *gohaidagwaii.ca*

---

7 **Alaska Highway:** Geradeaus, immer geradeaus: Wer den einsamen Norden Kanadas entdecken will, für den gehört der Alaska Highway zur ersten Wahl. Die durchgängig geteerte Fernstraße ist 2232 Kilometer lang, führt von Dawson Creek bis nach Alaska in die USA und durchquert dabei zwei Klima- und drei Zeitzonen. Die ersten knapp tausend Kilometer verlaufen durch British Columbia, durch eine Region mit nur wenig Menschen, aber viel Wild

und Wildnis. Der Weg ist das Ziel, wie man so schön sagt, und in diesem Fall trifft das besonders zu. Wer den Alaska Highway befährt, verspürt ein Gefühl von Weite und Freiheit, das es so in Europa so kaum noch zu erleben gibt. Es geht durch endlose Wälder, vorbei an einsamen Seen, verfallenen Dörfern, verrosteten Tankstellen. Mit Glück kreuzen Büffel und Karibuherden die Route. *hellobc.com/road-trips/alaska-highway*

---

8 **Inside Passage:** Bei vielen Kreuzfahrt-Touristen sind die verwunschenen Küstengewässer und Fjorde zwischen Vancouver und dem Süden von Alaska ein Hit. Unzählige Kreuzfahrtschiffe passieren die rund 1500 Kilometer lange Inside Passage jedes Jahr, einen der schönsten Seewege der Welt. Unterwegs können die Passagiere mystische Küstenlandschaften, bunte Leuchttürme, bewaldete Inseln, schroffe Tafelberge, einsame indigene Siedlungen, vorbeiziehende Wale und kreisende Adler bestaunen. Auch die staatlichen Fähren von British Columbia kreuzen diese Gewässer und ermöglichen Besuchern damit nicht nur unvergessliche Eindrücke, sondern auch den Zugang zu einigen sehr entlegenen Regionen, die auf dem Landweg nur schwer oder gar nicht erreichbar wären: dem Great Bear Rainforest etwa, oder auch Haida Gwaii.

---

9 **Gulf Islands:** Der Meeresarm zwischen dem südlichen Vancouver Island und dem Festland von British Columbia in der Strait of Georgia ist gesprenkelt mit hunderten Inseln und Inselchen. Gulf Islands nennen sich die Eilande, die vor allem bei Aussteigern, Seglern und Wochenendausflüglern beliebt sind. Manche der Inseln sind nur ein paar Quadratmeter groß und unbewohnt. Auf anderen, wie Salt Spring Island oder Pender Island, ist das Leben dagegen bunt und vielfältig. Für Besucher bieten diese Inseln ein eher ungewohntes Kanada mit Palmen, mediterranem Klima, Weingütern, Olivenhainen und Biomärkten. Hier ticken die Uhren langsamer, die Geschäfte schließen früher. Die Millionenstadt Vancouver ist beinahe in Sichtweite – und zugleich doch so fern. Wer mal so richtig ausspannen und den Tag gut sein lassen will, der ist dort gut aufgehoben! *hellobc.com/places-to-go/gulf-islands*

---

10 **Fraser River:** Der Fraser River gilt als wichtige Lebensader von British Columbia. Der längste Fluss der Provinz entspringt in den Rocky Mountains und mündet nach 1375 Kilometern südlich von Vancouver ins Meer. Der Fluss, der nach dem kanadischen Entdecker Simon Fraser benannt ist, ist für die Wirtschaft Kanadas von entscheidender Bedeutung. Auf ihm werden Waren transportiert und verladen, es werden Fische gefangen und es wird Strom produziert. Für Besucher gibt es im Flusstal des Fraser River viel zu erleben: wilde Schluchten, wirbelnde Stromschnellen, mächtige Wasserfälle, wüstenartige Landschaften, historische Siedlungen und Fischerdörfer. Dazu kommen tausende Seevögel sowie Lachse, die jedes Jahr zum Laichen hunderte Kilometer flussaufwärts schwimmen. Lust auf eine Wildwasserfahrt, eine Tour mit dem Kajak oder einen Ausflug mit einem Fischer? Der Fluss macht's möglich. *thefraservalley.ca*

KURIOSES & BESONDERHEITEN

IN BRITISH COLUMBIA

In British Columbia ist eine Provinz der Superlative. Vieles dort ist größer, höher oder spektakulärer als sonst wo. Ein paar Beispiele:

Kanadas seltenste Bären: Sie sind die offiziellen Wappentiere der Provinz British Columbia und gehören zu den wohl seltensten Säugetieren der Welt. Kermodebären sind eigentlich Schwarzbären, doch manche von ihnen tragen wegen einem seltenen rezessiven Gen ein weißes oder hellbraunes Fell. Nur rund 200 dieser so genannten weißen Geisterbären gibt es in Kanada – und sie alle leben in den Regenwäldern im Nordwesten von British Columbia. Besonders prominent sind sie auf drei entlegenen Inseln südlich von Alaska: Gribbell, Princess Royal und Roderick. Dass es die einmaligen Bären überhaupt gibt, gleicht einem Wunder der Natur. Damit ein junger Geisterbär geboren werden kann, müssen beide Eltern das rezessive Gen in sich tragen – eine extrem seltene Konstellation. Ihr Überleben hängt damit an einem seidenen Faden, zumal ihr Lebensraum aufgrund von Bautätigkeit und Abholzung immer weiter schrumpft.

Kanadas berühmtester Künstler: Wer durch den internationalen Terminal im Flughafen von Vancouver schlendert, kann das einmalige Kunstwerk nicht übersehen: Die Skulptur „The Spirit of Haida Gwaii" ist fast vier Meter hoch und stellt ein traditionelles Kanu mit Transformationsfiguren der First Nations dar. Zu den Insassen gehören unter anderem ein Rabe, ein Adler, ein Grizzlybär, ein Schamane. Geschaffen wurde die mystische Skulptur 1986 von Bill Reid, dem bis heute wohl berühmtesten indigenen Künstler Kanadas. Seine Werke befinden sich auf Briefmarken, auf Geldscheinen, in Museen in aller Welt. Die Familie Reids stammt aus Haida Gwaii, wo die Asche des 1998 verstorbenen Künstlers auch begraben ist, und zwar auf der entlegenen Insel Tanu. Seinen letzten Gang dorthin legte Reid in dem von ihm selbst geschnitzten Kanu „Loo Taas" zurück, das er aus einem Baumstamm schuf. Mit über 15 Metern gilt das bemalte Einbaumkanu als das längste der Welt.

Kanadas höchster Wasserfall: Wasserfälle gibt es in Kanada in Hülle und Fülle. Irgendjemand hat einmal gezählt und ist dabei auf die 1700 gekommen – und damit sind nur jene gemeint, die einen offiziellen Namen tragen. Viele der schönsten Wasserfälle davon befinden sich in British Columbia, man denke nur an die Takakkaw Falls im Yoho National Park oder die Helmcken Falls im Wells Gray Provincial Park. Auch die höchsten Wasserfälle Kanadas sind in British Columbia zu finden, wenn diese auch wegen ihrer abseitigen Lage im Allgemeinen kaum bekannt sind. Die James Bruce Falls liegen an der Sunshine Coast nordwestlich von Vancouver und bestehen aus zwei separaten Kaskaden. Das Wasser der Fälle entspringt einem Schneefeld und stürzt über mehrere Stufen 840 Meter in die Tiefe bis in einen Meeresarm mit dem Namen Princess Louisa Inlet. In heißen Sommern trocknen die Fälle auch schon mal aus – dem Rekord tut das aber keinen Abbruch.

Kanadas größte Fährflotte: Alle an Bord! Insgesamt 36 Autofähren pflügen sich Tag für Tag durch die zerklüfteten Gewässer an der pazifischen Westküste Kanadas. Sie bringen Menschen, Autos und Fracht auf kleine und große Inseln und versorgen so entlegene Küstengemeinden mit dem Nötigsten. Die staatliche Flotte von BC Ferries gilt als die größte ihrer Art weltweit. Tatsächlich gibt es nirgendwo sonst so viele Autofähren wie in British Columbia. Eine der Fähren sticht dabei besonders hervor: der Baynes Sounds Connector, die einzige Kabelfähre der Flotte. Sie verbindet Buckley Bay auf Vancouver Island mit der Insel Denman Island, und zwar auf einer Strecke von exakt 1961,48 Metern. Damit ist der Baynes Sounds Connector die längste Kabelfähre der Welt. Nur zehn Minuten dauert die rekordverdächtige Überfahrt, bei der bis zu 150 Passagiere und 50 Autos transportiert werden können.

Kanadas mächtigster Baum: Die gemäßigten Regenwälder an der Westküste von Kanada gleichen einem Schlaraffenland der Natur. Die vielen Niederschläge und die nährstoffreichen Böden lassen die Wälder geradezu sprießen. Kein Wunder also, dass in British Columbia einige der ältesten und größten Bäume der Welt zu finden sind. Der höchste davon, der Cheewhat Giant, steht im Pacific Rim National Park Reserve im Südwesten von Vancouver Island unweit der Gemeinde Cowichan Lake. Die gigantische Rotzeder (Thuja plicata) ist stolze 56 Meter hoch, hat einen Durchmesser von über sechs Metern und gilt als Kanadas größter und mächtigster Baum. Aus seinem Holz könnte man theoretisch 450 Telegrafenmasten herstellen – doch das wird zum Glück nicht passieren. Der 1988 entdeckte Baum ist vor dem Abholzen geschützt, da er in einem Nationalpark steht.

Kanadas ulkigstes Paddel: In Kanada versuchen sich viele Gemeinden, mit skurrilen Roadside-Rekorden zu übertrumpfen. Damit wollen sie Aufmerksamkeit erzeugen und Touristendollars anlocken, besonders dann, wenn sie sonst nicht so viel anzubieten haben. In Duncan auf Vancouver Island findet man an der Fassade eines Sportstadiums zum Beispiel Kanadas größten Eishockeyschläger (62,5 Meter lang), an einer Straße in Kimberley in den Purcell Mountains die weltgrößte Kuckucksuhr (6,70 Meter hoch). Einen kanadischen Klassiker können Reisende an einem Picknickplatz am Columbia River unweit der Gemeinde Golden in den Rocky Mountains entdecken: Kanadas größtes Kanu-Paddel. Geschaffen wurde das 18 Meter lange und fast drei Meter breite Paddel in über 200 Stunden Arbeit aus einem einzigen Baumstamm. Stolze 2400 Kilogramm bringt es auf die Waage. Na, dann mal frohes Paddeln …

Arktischer Ozean
GRÖNLAND
Beaufortsee
USA
NUNAVUT
NORTHWEST TERRITORIES
YUKON
KANADA
MANITOBA
ALBERTA
BRITISH COLUMBIA
SASKATCHEWAN
ONTARIO
QUÉBEC
Ottawa
Pazifischer Ozean
USA
Atlantischer Ozean
MÉXICO
Südpazifischer Ozean
0
1000 km

NUNAVUT
YUKON
NORTHWEST TERRITORIES
Yellowknife
Whitehorse
KANADA
Juneau
Sitka
Fort McMurray
Fort St. John
Ketchikan
Grande Prairie
ALBERTA
BRITISH COLUMBIA
Edmonton
Red Deer
Williams Lake
Saskatoon
Calgary
Medicine Hat
Kelowna
Vancouver
Pazifischer Ozean
USA
0
500 km

Vancouver

Canada Place

Vancouver

1. Barclay Heritage Square: Das alte Vancouver zwischen Stanley Park und Burrard Street
2. Dr. Sun Yat-Sen Classical Chinese Garden: Oase der Ruhe mitten in der Stadt
3. Railtown: Das Brooklyn von Vancouver
4. UBC Botanical Gardens: Thrill in den Baumwipfeln
5. Deep Cove: Paddel-Paradies am Indian Arm
6. Lynn Canyon Park: Die andere Hängebrücke
7. Wreck Beach: Strand für Freizügige

99
Cypress Provincial Park
Capilano Lake
Lynn Headwaters Regional Park
Mount Seymour Provincial Park
Cypress Falls Park
6
5
Capilano River
Indian Arm
West Vancouver
North Vancouver
Belcarra
Inner Vancouver Harbour
Central Harbour
7
4
False Creek
Burnaby Mountain Conservation Area
Vancouver
1
Ecological Reserve #74
99
Burnaby Lake
Fraser River (North Arm)
New Westminster
99
Inner Vancouver Harbour
1
Straße von Georgia
3
2
99
1
False Creek
Canoe
0
5 km

1. Barclay Heritage Square: Das alte Vancouver zwischen Stanley Park und Burrard Street

Vancouver? Welches Vancouver? Noch vor 130 Jahren war das eine berechtigte Frage. Damals war die Stadt zwischen Burrard Inlet und Fraser River noch ein verschlafenes Nest. Es gab ein paar baufällige Häuser, rustikale Hütten und Bauernhöfe. Dazu ein Sägewerk, Camps von Holzfällern und Ureinwohnern, ein paar verruchte Saloons und viel, viel Wald und Wildnis.

Nur etwa eintausend Siedler wohnten damals an jenem Ort, den man heute Vancouver nennt. Erst als 1886 die transkontinentale Eisenbahn „Canadian Pacific Railway" die Stadt erreichte, begann der Aufstieg zur Weltmetropole. Man gab der Siedlung den Namen des britischen Seefahrers George Vancouver, profitierte vom Goldrausch, den Rohstoffen und dem Handel.

Barclay Manor

Heute ist Vancouver samt Großraum mit über 2,6 Millionen Einwohnern der drittgrößte Ballungsraum in Kanada, Spielwiese für Outdoor-Enthusiasten und Touristenmagnet par excellence. Ob Stanley Park, Canada Place, Granville Island oder die Skihügel am Cypress Mountain: Die von der Natur verwöhnte Pazifikmetropole hat für jeden etwas zu bieten.

George Weeks House

Doch wo anfangen? Ich empfehle einen Spaziergang zum Barclay Heritage Square im Westend. In dem Viertel zwischen Stanley Park und Burrard Street können Sie auf ein paar Straßenblöcken noch das Vancouver der Gründerjahre erspüren – jenseits der üblichen Touristenströme. Das Viertel, das nach langem Kampf einheimischer Aktivisten vom Bauboom der Neuzeit verschont wurde, liegt auf halber Strecke zwischen dem Canada Place und den Stränden der English Bay rund um die Barclay, Broughton und Haro Streets. Das denkmalgeschützte Areal umfasst neun historische Wohngebäude, die zwischen 1890 und 1908 errichtet wurden, dazu alte Bäume, historische Gärten, einen Park und ein Museum. Die meisten Häuser werden noch aktiv bewohnt. Im Barclay Manor, einem schmucken Haus mit verzierten Holzgiebeln in der Barclay Street, war einst eine Herberge für Männer untergebracht. Heute ist es ein Seniorenzentrum. Im George Weeks House daneben wohnte einst der Manager von Vancouvers erstem Hudson's-Bay-Laden, heute beherbergt es Sozialprojekte.

Höhepunkt des Viertels ist das Roedde House samt Museum. Das im Queen-Anne-Stil gehaltene Gebäude wurde 1893 vom Architekten Francis Rattenbury entworfen und ist das einzige, das auch von innen besichtigt werden kann. Rattenbury baute auch das Parlament von British Columbia und das legendäre Empress Hotel (beide in Victoria auf Vancouver Island). Das Roedde House ist ein typisches Beispiel für die frühe Wohnhausarchitektur in Vancouver. Zu sehen sind unter anderem ein schmucker Empfangssalon mit Kamin und Klavier, ein Esszimmer im viktorianischen Stil, mehrere Kinderzimmer, ein Nähzimmer, eine Küche und ein Arbeitszimmer, alle ausgestattet mit Möbeln aus den Gründerjahren Vancouvers. Gewohnt hat in dem Haus 32 Jahre lang die Familie von Gustav Adolf Roedde. Der war nicht nur der erste Buchbinder und Drucker im damaligen Vancouver, sondern auch ein Auswanderer aus Deutschland, der in Großbodungen in Thüringen geboren und 1888 über die USA nach Vancouver gekommen war. Seine Frau Mathilda stammte ursprünglich von der Insel Helgoland.

Roedde House

Zur Zeit der Roeddes waren die Wege rund um das Viertel aus Matsch und Lehm und nicht etwa Asphalt. Rundum gab es Äcker und Wälder und Roedde selbst ging noch zum Jagen in den nahen Stanley Park. Heute ist das Areal ganz von Wolkenkratzern umschlossen und jedes Jahr kommt dank Immobilienboom mehr Beton hinzu. Vancouver schluckt seine Geschichte.

INFO

Lage: Vom Canada Place am Hafen erreichen Sie den Barclay Heritage Square zu Fuß in rund 20 Min. GPS: 49.286889, -123.13215, 1415 Barclay Street.

Anfahrt: Dazu folgen Sie zu Fuß den Howe und Robson Streets in Richtung Westend, bis Sie die Kreuzung zur Broughton Street erreichen. Der folgen Sie nach links ein paar Blöcke in Richtung English Bay bis Sie die Barclay Street kreuzen. Das Roedde House Museum ist nur ein paar Schritte weiter. Wer mit dem Auto dorthin fahren will, für den gibt es am Museum einen kleinen Parkplatz, der allerdings oft voll ist.

Öffnungszeiten: Das Roedde House Museum hat in den Sommermonaten Juni, Juli und August von Mittwoch bis Sonntag von 11 bis 16 Uhr geöffnet. Montags und dienstags ist das Museum geschlossen. Im Winter gelten eingeschränkte Öffnungszeiten. Angeboten werden Führungen durch das Haus. Dabei lernt man auch einiges über die Geschichte von Vancouver; Tel.: +1 604 684 7040, *roeddehouse.org*

Eintritt: 10 CAD für Erwachsene, Kinder unter 5 Jahren sind frei.

Aktivitäten: Am vierten Sonntag im Monat wird im Roedde House Museum traditioneller Tee im historischen Ambiente angeboten. Die Teilnahme kostet 15 CAD pro Person. Darüber hinaus gibt es regelmäßig Vorlesungen, Infoveranstaltungen und Konzerte. Wer daran interessiert ist, sollte das Museum vorab kontaktieren: *info@roeddehouse.com*.
Die Parks des Viertels mit ihren hübschen Gärten und Pavillons sind tagsüber für jedermann geöffnet.

2. Dr. Sun Yat-Sen Classical Chinese Garden: Oase der Ruhe mitten in der Stadt

Es ist ein quirliger Morgen in der Downtown von Vancouver. Geschäftsleute eilen aus den U-Bahn-Schächten und verschwinden in den Bürotürmen im Finanzdistrikt. Ein Krankenwagen braust durch die Lower East Side. Ein Bautrupp reißt mit einem lärmenden Presslufthammer den Bürgersteig am Canada Place auf. Eine Oase der Ruhe gefällig?

Nur ein paar Schritte von Stadtzentrum entfernt an der Carrall Street liegt der Dr. Sun Yat-Sen Classical Chinese Garden, ein wunderbarer Rückzugsort für Tage, an denen ich dem Großstadtrummel entkommen will. Hier kann ich dem sanften Plätschern des Wassers im Seerosenteich lauschen und den Libellen, die durch die Luft surren. Im Hintergrund läuft klassische chinesische Musik.

Der Dr. Sun Yat-Sen Classical Chinese Garden liegt zwischen Wolkenkratzern.

Die Anlage liegt mitten in Chinatown, einem Stadtviertel zwischen Gastown, Lower East Side und Bankenviertel. Die Chinatown in Vancouver gilt als die größte ihrer Art in Kanada, trotzdem, oder vielleicht gerade deswegen, kann man den Dr. Sun Yat-Sen Classical Chinese Garden leicht übersehen, denn er liegt verborgen hinter hohen Mauern zwischen Hochhäusern.

Ein Pavillon schmückt das Areal.

Der Garten ist ein Meisterwerk chinesischer Kunst, Gartenbaukunst, Architektur und Philosophie und gilt vielen der rund 450.000 chinesischstämmigen Kanadier in Vancouver als eine Art spirituelles Zentrum. Die idyllische Anlage besteht aus Kalksteingärten, seltenen Pflanzen und Bäumen, einem Wasserfall, holzvertäfelten Wandelgängen, Teichen und Pavillons. Angelegt ist der Garten in der Tradition der Ming-Dynastie aus dem 14. Jahrhundert, und er war der erste seiner Art außerhalb Chinas. Alles ist hier nach dem Feng-Shui-System ausgerichtet, damit die Menschen möglichst viel positive Energie bekommen.

Jedes architektonische Detail hat eine Bedeutung, die sich ergänzenden Kräfte Yin und Yang sind ausgewogen repräsentiert. Um diese Einheit zu wahren, haben die Architekten aus China beim Bau im Jahr 1985 raue und weiche, vertikale und horizontale Elemente miteinander kombiniert. Auch die Auswahl der Büsche und Bäume ist kein Zufall: Der Bambus im Innenhof etwa steht für die

Flexibilität der Menschen, die Kiefer für die Stärke, die Pflaume für die Erneuerung. Gäste bekommen in einem besonders schönen Pavillon einen Jasmin-Tee gereicht, und wer nach dem Besuch des Gartens Hunger hat, der findet im Viertel außerhalb viele chinesische Bistros und Restaurants. Besonders populär ist Dim Sum, eine Art chinesischer Brunch, bei dem Sie sich die Gerichte am Tisch aussuchen können.

Kunstvolles Schnitzwerk ziert viele Bauten.

INFO

Lage: Der Dr. Sun Yat-Sen Classical Chinese Garden liegt etwa 20 Min. zu Fuß vom Canada Place entfernt unweit der Kreuzung Carrall und East Pender Street. GPS: 49.2797937,-123.1041039, 578 Carrall Street.

Anfahrt: Vom Canada Place fährt oder läuft man Richtung Osten über die West Cordova Street, dann rechts in die Carrall Street. Mit dem Bus dauert die Fahrt etwa 15 Min. (Linie 20, Victoria). Einstieg ist an der Kreuzung Hastings/Seymour, Ausstieg nach drei Stopps an der Kreuzung Hastings/Carrall.

Öffnungszeiten: Geöffnet im Sommer Dienstag bis Sonntag von 9:30 bis 16 Uhr, im Winter gelten eingeschränkte Zeiten. Geboten werden 45-minütige Führungen. Diese finden im Sommer stündlich statt, im Winter viermal am Tag. Im Sommer können Sie an den Wochenenden an einer traditionellen chinesischen Tee-Zeremonie teilnehmen, außerdem gibt es Livemusik, 32 CAD pro Person; Tel.: +1 604 662 3207, *vancouverchinesegarden.com*

Eintritt: 16 CAD für Erwachsene, Studenten und Senioren zahlen weniger. Der Eintritt berechtigt zur Teilnahme an einer Führung.

Aktivitäten:

- Ein Besuch der umliegenden Chinatown lohnt sich immer. Besonders sehenswert ist das Sam Kee Building, das mit nur 1,80 m Breite als das schmalste Gebäude in Kanada gilt; 8 West Pender Street, *vancouver-chinatown.com*
- Das Wing Sang Building stammt aus dem Jahre 1889 und ist das älteste in Chinatown. Zukünftig soll in dem Gebäude ein Museum untergebracht werden, das sich den Kanadiern mit chinesischer Abstammung widmet. 51 East Pender Street, *renniemuseum.org*
- Im Chinese Cultural Centre befindet sich ein kleines Museum, das sich der Geschichte der chinesischen Bevölkerung Vancouvers im 19. und 20. Jahrhundert widmet, geöffnet täglich außer Montag, 11 bis 17 Uhr, Eintritt frei; 555 Columbia Street, Tel.: +1 604 658 8880, *cccvan.com*

3. Railtown: Das Brooklyn von Vancouver

Gastown, Yaletown, Dowtown – diese Viertel kennt jeder. Aber schon mal von Railtown gehört? Nein? So geht es vielen Besuchern. Sogar viele Einheimische kennen das Viertel im Osten von Vancouver nicht oder nur schlecht. Dabei ist es von der berühmten Dampf-Uhr in Gastown in nur wenigen Minuten zu Fuß zu erreichen – und eines der aufstrebendsten Viertel der Stadt.

Railtown liegt, ganz gemäß seinem Namen, südlich der Bahnlinien im Hafenviertel von Vancouver und zwar östlich von Gastown und nördlich von Chinatown. In dem alten Industrieviertel rund um die Alexander und Powell Streets stehen viele alte Fabriken und Lagerhallen und bis zum Zweiten Weltkrieg lebte hier die japanische Bevölkerung von Vancouver. Doch dann steckte die Regierung viele japanisch-stämmige Kanadier aus Sorge vor „Kriegs-Verrätern" in Internierungscamps, meist ohne Grund. Danach kehrten nur wenige zurück und es ging bergab mit Railtown. Bis dort vor einigen Jahren wegen der relativ geringen Mieten Kleinunternehmer, Start-ups und Künstler ihre Nische fanden. Auch ich bin immer gerne dort.

Heute nennen viele Kanadier Railtown schon das „Brooklyn von Vancouver". Das mag noch ein wenig zu hoch gegriffen sein. Tatsächlich aber sprießen in dem Viertel Restaurants, Designer-Shops,

Straßenkreuzung in Railtown

Belgard Kitchen

Galerien, Möbelläden und Tech-Companies aus dem Boden. Alte Industriegebäude werden in Lofts umgewandelt, immer mehr junge Leute ziehen dorthin. Ein wichtiger Anziehungspunkt ist die Gastro-Szene, besonders rund um das historische Settlement Building in der Dunlevy Avenue. In der ehemaligen Stahlfabrik mit ihren hohen Decken und industrieller Architektur haben sich allerlei professionals eingerichtet. Dazu gibt es eine Brauerei, ein Restaurant und sogar ein urbanes Weingut, allesamt super-populär.

Ein paar Schritte weiter an der Ecke Alexander und Jackson Street findet man das alte Rotlicht- und Hafenviertel mit historischen Holzhäuschen und Ladenzeilen. Das Dales House in der Alexander Street Nr. 414 soll eines der ältesten Häuser in Vancouver sein. Dazwischen mischen sich ultra-moderne Designs, wie etwa ein Haus, das ganz aus Frachtcontainern gebaut wurde.

Überall stehen alte Fabrikgebäude.

Das japanische Erbe ist weithin sichtbar.

Das ehemalige japanische Kulturzentrum aus dem Jahr 1906 können Sie in der Alexander Street Nr. 475 bewundern. Das Gebäude mit seinen japanischen Schriftzeichen ist das einzige des Viertels, das der Staat nach den Zwangsenteignungen der Kriegszeit an die japanische Gemeinde zurückgegeben hat. Heute ist dort eine japanische Sprachschule untergebracht.

Nicht weit entfernt, in der Jackson Street, steht noch der alte buddhistische Tempel, der auch schon einmal eine methodistische Kirche war. Auf der Powell Street und im Oppenheimer Park findet jeden Sommer im August ein populäres Straßenfestival statt, bei dem das japanische Erbe und die eklektische Gegenwart des Viertels gleichermaßen gefeiert werden.

Der Oppenheimer Park in Railtown

Railtown ist ein Viertel im Aufbau und Aufbruch, das sich stets verändert und neu erfindet. Es ist weder poliert noch „schön" im engeren Sinn, denn an vielen Gebäuden blättert die Farbe ab und viele Ladenzeilen sind mit Brettern verschlagen. Doch wer den rauen, urbanen Charme liebt, der sollte einen Spaziergang und einen Restaurantbesuch in Railtown nicht versäumen!

INFO

Lage: Von der berühmten Dampf-Uhr in Gastown ist der Oppenheimer Park in Railtown in etwa 20 Min. zu Fuß zu erreichen. GPS: 49.28264, -123.0943469.

Anfahrt: Dazu gehen Sie auf den Water und Powell Streets immer in Richtung Osten, bis Sie an der Kreuzung Dunlevy und Powell Streets den Oppenheimer Park erreichen. Als Railtown werden die zwei Straßenblocks nördlich und zwei bis drei Blocks westlich und östlich davon bezeichnet.

Öffnungszeiten: Diese variieren je nach Ziel. Insgesamt hat Railtown ein lebendiges Nachtleben. Viele Restaurants und Cafés sind gerade auch über die Mittagszeit populär.

Restaurants: Die Foodie-Szene in Railtown ist groß im Kommen, aber stets im Fluss, sodass man die folgenden Tipps vor Ort noch einmal bestätigen sollte.

- Keinesfalls versäumen sollten Sie The Belgard Kitchen im Settlement Building wegen der tollen Auswahl an Craft-Bieren und Weinen sowie der populären Tapas-Karte. Dem Restaurant angeschlossen ist die Vancouver Urban Winery, eine Kellerei, die Trauben aus dem Okanagan-Tal von British Columbia verarbeitet; 55 Dunlevy Street, Tel.: +1 604 699 1989, *belgardkitchen.com*
- Ein Klassiker ist das Railtown Café mit seiner fabelhaften Sandwich- und Salat-Karte. Die ist so populär, dass die Eigentümer mittlerweile zwei weitere Filialen in anderen Vierteln Vancouvers eröffnet haben und auch außer Haus liefern; 397 Railway Street, Tel.: +1 604 428 0800, *railtowncafe.ca*
- Wer im italienische Restaurant Ask For Luigi die legendäre Pasta probieren will, der muss sich auf eine lange Warteschlange am Eingang gefasst machen. Die reicht manchmal bis zum nächsten Block! 305 Alexander Street, Tel.: +1 604 428 2544, *askforluigi.com*

4. UBC Botanical Gardens: Thrill in den Baumwipfeln

Sind Sie schwindelfrei? Wenn Sie sich nicht ganz sicher sind, dann sollten Sie diesen Tipp vielleicht mit Vorsicht genießen ... Denn in diesem Kapitel möchte ich Sie zu einem Adrenalin-Abenteuer mitnehmen: den Greenheart Tree Walk, einem Baumwipfelpfad auf dem Gelände des Botanischen Gartens der Universität von British Columbia in Kitsilano.

Eingang zum Treewalk

Auf den ersten Blick sieht der Baumwipfelpfad recht harmlos aus. Die Konstruktion aus Seilen, Drähten, Stricken, Lochblechen und Netzen hangelt sich auf einer Länge von 310 Metern von Baumriese zu Baumriese. Manche der pazifischen Rotzedern oder Fichten im Park sind über 100 Jahre alt und dienen als mächtige wie verlässliche Eckpfeiler des Rundparcours.

Doch schon bald, nachdem ich nach oben in die Baumkronen stieg, kamen mir erste Zweifel. Denn der hängebrückenartige Weg durch den Regenwald ist enger und wackeliger als man von unten meint. Bei jedem Schritt spürt man, wie einen die Schwerkraft am liebsten nach unten befördern würde – aus einer Höhe von bis zu 23 Metern über dem Waldboden.

Zugegeben: Ich selbst bin nicht 100 Prozent höhensicher – und das habe ich auch gemerkt. Die Seile, die rechts und links des hängenden Weges als Geländer für die Hände dienen, sind recht lose angebracht. Sie bieten Halt – aber keinen absoluten Halt. Das Austarieren der Schrittfolge ist nicht ganz einfach, besonders wenn man nicht allein auf dem Pfad unterwegs ist ...

Hoch oben in den Baumwipfeln

Doch was der eine als schwingend oder gar torkelig empfindet, ist für den anderen ein Heidenspaß. Auf den Plattformen an den Bäumen wurde kein einziger Nagel oder Bolzen verwendet. Stabilität gewinnt die waghalsige Konstruktion einzig und allein durch die Spannung der Stricke und Seile. Das freut die Bäume, die dadurch weitgehend schadlos bleiben.

Für Adrenalin-Junkies bietet der Greenheart Tree Walk damit mehr Kick als sein (überteuertes) Pendant im Capilano Suspension Park am North Shore. Knapp eine Stunde habe ich inklusive Fotografieren und Posieren für die Strecke gebraucht, die wegen ihrer engen Trittflächen gewöhnlich nur im Uhrzeigersinn gelaufen werden darf, um Gegenverkehr zu vermeiden.

Für Gruppen werden auch geführte Touren durch die Wipfel angeboten. Schließlich handelt es sich bei dem Baumkronenweg weni-

Die schwindelerregende Konstruktion kommt ohne einen einzigen Nagel aus.

ger um eine klassische Touristenattraktion, sondern vielmehr um einen Lehrpfad – wie es sich für einen Botanischen Garten gehört. Bei den Touren können Sie viel über die Flora und Fauna des pazifischen Nordwestens lernen.

Das gilt auch für den Botanischen Garten selbst, der 1916 gegründet wurde und als der älteste seiner Art in Kanada gilt. Insgesamt 44 Hektar umfasst das Gelände, in dem über 8000 verschiedene Baum- und Pflanzenarten gedeihen – auch jene, die für den Tree Walk genutzt werden. Damit eignet sich der Park wunderbar als Ausflugsziel für die ganze Familie.

Auch der Botanische Garten selbst lohnt sich!

Neben lokalen Pflanzen und Gewächsen aus den gemäßigten Regenwäldern der Umgebung können Sie auf dem Gelände auch asiatische und alpine Arten entdecken. Dazu kommen ein Kräuter- und Gemüsegarten sowie saisonale Beete. Naturkundliche Hinweisschilder bieten eine gute Orientierung – auf dem Waldboden wie auch in den Baumwipfeln selbst!

INFO

Lage: Der UBC Botanical Garden liegt nahe der Universität von British Columbia im Stadtteil Kitsilano. Der Greenheart Tree Walk befindet sich im südlichen Abschnitt des Geländes. GPS: 49.253823, -123.247321, 6804 SW Marine Drive.

Anfahrt: Von der Innenstadt nehmen Sie die Howe Street nach Süden und fahren über den Highway 99 über Granville Island hinweg. Nach der Brücke biegen Sie rechts in die 4th Avenue ab, der Sie für 6 km folgen. Die Straße geht automatisch in den Chancellor Boulevard über, der nach einem Kreisverkehr zum Marine Drive wird. Nach weiteren drei Kilometern erreichen Sie rechts einen Abzweig zum Parkplatz des UBC Botanical Garden. Die Fahrt dauert etwa 30 Minuten. Mit den öffentlichen Verkehrsmitteln sind Sie etwa eine Stunde unterwegs (Canada Line bis King Edward Station, danach mit dem Bus 25 bis zur Wesbrook Mall, dann 10 Min. zu Fuß).

Öffnungszeiten: Der Greenheart Tree Walk hat von Anfang April bis Ende Oktober geöffnet, täglich außer Montag von 10 bis 16:30 Uhr, Tel.: +1 604 822 4208

Eintritt: 25,50 CAD für den Greenheart Tree Walk und Garten, 11 CAD nur für den Garten

Aktivitäten: Unweit des Botanical Garden liegt das Museum of Anthropology, ein fantastisches Völkerkundemuseum, das sich ebenfalls auf dem Gelände der Universität befindet. Gezeigt werden unter anderem über 7000 Artefakte der indigenen Völker von British Columbia, darunter mächtige Originaltotempfähle und die weltberühmte Skulptur „The Raven and the First Men“ von Kanadas wohl bekanntestem indigenen Künstler Bill Reid; täglich 10 bis 17 Uhr, 25 CAD, 6393 Marine Drive NW, Tel.: +1 604 827 5932

Websites:
- *botanicalgarden.ubc.ca*,
- *moa.ubc.ca*

5. DEEP COVE: PADDEL-PARADIES AM INDIAN ARM

Sie paddeln gern im Kajak, mögen das Wasser und die Natur, haben aber auf Ihrem Städteurlaub in Vancouver nur wenig Zeit? Dann nichts wie zum Indian Arm! Der rund 20 Kilometer lange Fjord liegt quasi im Hinterzimmer von Vancouver, doch einmal dort, fühlt es sich an, als sei man irgendwo weit weg in den unendlichen Weiten der Wildnis.

Ausgangspunkt für das Paddel-Abenteuer ist das Nobelviertel Deep Cove im Nordosten von Vancouver. An einer geschützten Bucht des Indian Arm gelegen, gibt es hier eine schöne Uferpromenade, einen Park, eine Marina, einen Jachtclub, ein paar nette Cafés – und kaum Touristen. Hier sind Sie unter Einheimischen und ganz Kanadier.

In einem hölzernen Bootshaus am Ufer von Deep Cove ist der lokale Kajakclub untergebracht, mein Favorit für Kajak-Abenteuer

Wildnis und Villen am Indian Arm

in und rund um Vancouver. Im Untergeschoss vermietet ein Adventure-Laden Boote aller Art sowie *boards* zum Stehpaddeln. Auch Kurse kann man buchen und geführte Tagestouren tief in den Indian Arm hinein.

Beliebt ist der Indian Arm bei Anfängern, denn die Gewässer im Fjord sind wegen ihrer geschützten Lage meist ruhig. Wer noch wenig Erfahrung hat, kann auch in der Bucht vor Deep Cove verbleiben und dort seine Fertigkeiten testen. Wer schon häufiger paddeln war, der kann auf eigene Faust oder mit einem Guide weiter den Indian Arm hinauffahren.

Auf dem Weg aus der Bucht geht es zunächst an der Marina und Villen vorbei, aber schon wenige Paddelschläge später haben Sie die Zivilisation hinter sich. Das Wasser ist je nach Wetter tiefblau oder grün. Es geht entlang an felsigen Steilküsten, scheinbar unberührten Wäldern und beeindruckenden Wasserfällen, die über steile Klippen in den Fjord rauschen.

Auch Robben leben hier in Hülle und Fülle. Man kann Fische springen sehen und mit etwas Glück Schwarzbären, die auf der Suche nach Futter die Küste abgrasen. Sogar Kojoten und Berglöwen soll hier schon gesichtet worden sein. Besonders gilt das für das nördliche Ende des Fjords, das zum Indian Arm Provincial Park gehört. Erfahrene Paddler können dort campen.

Der Blick aus dem Kajak auf die Gewässer des Indian Arm

Blick auf Deep Cove

INFO

Lage: Deep Cove liegt 18 km vom Canada Place in der Downtown entfernt. Bei gutem Verkehr dauert die Fahrt mit dem Auto zum Kajakclub etwa 30 bis 45 Min. GPS: 49.3260448, -122.9482329, 2156 Banbury Road, North Vancouver.

Anfahrt: Vom Canada Place fahren Sie Richtung Osten über die Powell und McGill Streets. Auf dem Trans-Canada Highway geht es auf der Second Narrows Bridge über das Burrard Inlet, danach nehmen Sie den Mount Seymour Parkway bis nach Deep Cove. Mit dem Bus dauert die Fahrt etwa 1 Std. (Linie 211, Seymour).

Öffnungszeiten: Der Kajakverleih Deep Cove Kajak hat im Sommer von 9 bis 21 Uhr geöffnet, im Winter gelten eingeschränkte Zeiten; Tel.: +1 604 929 2268, *deepcovekayak.com*

Eintritt: Die Miete eines Doppelsitzer-Kajaks kostet 108 CAD für 3 Std. oder 145 CAD für den ganzen Tag.

Aktivitäten: Wer mit Guide und Gruppe im Indian Arm paddeln will, der wählt die Deep Cove Explorer Tour (3 Std., mit Snack, 95 CAD) oder die Island Explorer Tour (5 Std., mit Lunch, 149 CAD). Bei Vollmond werden Nachttouren angeboten (2,5 Std., 89 CAD).

Unterkünfte: Erfahrene Paddler können im Indian Arm Provincial Park campen. Einfache Plätze mit Plumpsklo gibt es auf den Twin Islands, am Bishop Creek und an den Granite Falls.

Website: *dnv.org/programs-and-services/deep-cove*

6. Lynn Canyon Park: Die andere Hängebrücke

Um kaum eine Attraktion in Vancouver wird so viel Wirbel gemacht wie um die Hängebrücke mit dem Namen „Capilano Suspension Bridge". Die Brücke aus Holz und Drahtseilen ist im Stadtbild allgegenwärtig, noch bevor man sie überhaupt besucht: Man sieht sie überall auf Plakatwänden, auf Bussen, in Broschüren, auf Stadtplänen, in Magazinen.

Die Lynn Canyon Bridge

Tatsächlich gehört die Brücke, die sich im Norden der Stadt über den Capilano River spannt, zu den bekanntesten Attraktionen in Vancouver. Fast eine Millionen Besucher drängeln sich jedes Jahr über die schwindelerregende Konstruktion und zahlen dafür happige Eintrittspreise. Und das trotz der Busladungen an Menschen, die an regen Tagen scheinbar nicht enden wollen.

Viele Einheimische schütteln darüber nur den Kopf. Denn die haben ihre eigene, spektakuläre Hängebrücke. Die ist zwar nicht ganz so lang wie ihr berühmteres Pendant, dafür ist sie aber höher und vor allem kostenlos zu überqueren. Sie liegt in einem wilden Forst im Lynn Canyon Park, einem städtischen Naherholungsgebiet im Nordwesten von Vancouver.

Auch die Lynn Canyon Suspension Bridge bekommt natürlich ihren Anteil an Ausflüglern, vor allem an den Wochenenden im Sommer. Doch sonst hält sich der Trubel in Grenzen. Hier tummeln Sie sich mit Familien, Schulklassen und Joggern. Mehrere Wanderwege, von kurz bis mittelschwer, führen durch den 250 Hektar umfassenden Lynn Canyon Park zur Brücke. Diese spannt sich in etwa 70 Meter Höhe über den Lynn Creek, der in seinem weiteren Verlauf in das Burrard Inlet mündet. Gebaut wurde sie 1912 und ist etwas mehr als 140 Meter lang. Schwindelfrei sollten Sie also schon sein! Wer in der Mitte der Brücke den Blick nach unten wagt, der erkennt eine enge Klamm, steile Klippen und tiefe Pools aus kristallklarem Wasser.

Der Blick von der Brücke in die Tiefe

Doch der Park bietet noch viel mehr: Er ist ein Paradies für Wanderer und beheimatet einen üppigen pazifischen Regenwald mit wuchernden Douglasien, rauschenden Wasserfällen und Badepools vom Feinsten. Diverse Wege, zum Teil auf Holzbohlen, führen durch das Unterholz. In einer viertel Stunde geht es zum Beispiel von der Hängebrücke aus über den Twin Falls Bridge Loop Trail zu einer festen Holzbrücke mit zwei hübschen Wasserfällen. Nur ein paar Schritte weiter können Sie hier im flachem Wasser entspannt baden und picknicken. Ein weiterer Wanderweg führt über einen steilen Aufstieg mit Holztreppen in etwa einer halben Stunde zum 30-Foot-Pool, einem natürlichen Becken, in dem Einheimische gern schwimmen. Wegen der starken Strömungen sollten Sie allerdings vorsichtig sein. Die vielen Warnschilder am Weg haben ihren Grund: Immer wieder kam es hier schon zu tödlichen Unfällen.

In einem kleinen Naturkundemuseum am Parkeingang befinden sich Schautafeln mit Informationen zur Ökologie und Tierwelt des pazifischen Regenwaldes. Dazu gibt es ausgestopfte Tiere, allerlei Modelle und Filme zu sehen. Auch geführte, historische Spaziergänge werden geboten. Und das alles – natürlich – kostenlos. Wer braucht da schon die Multi-Millionen-Dollar-Brücke?

Baden erlaubt!

INFO

Lage: Der Lynn Canyon Park liegt 15 km vom Canada Place in der Downtown entfernt. Bei gutem Verkehr dauert die Fahrt mit dem Auto zum Naturkundezentrum etwa 30 bis 45 Min. GPS: 49.3429851, -123,0205336, 3663 Park Road, North Vancouver.

Anfahrt: Vom Canada Place fahren Sie Richtung Osten über die Powell und McGill Streets. Auf dem Trans-Canada Highway geht es über die Second Narrows Bridge. Danach nehmen Sie die Ausfahrt 19 und folgen der Lynn Valley Road bis zum Schild „Lynn Canyon Ecology Centre“. Dort geht es rechts in die Peters Road bis zum Parkplatz des Parks. Von dort sind es nur wenige Minuten zu Fuß zur Brücke. Wer öffentliche Verkehrsmittel wählt, der nimmt die Lonsdale-Fähre auf die andere Seite des Burrard Inlet und dort den Bus Nummer 228 („Lynn Valley“).

Öffnungszeiten: Der Park ist im Sommer von 7 bis 21 Uhr geöffnet, im Winter von 7 bis 18 Uhr, das Naturkundezentrum im Sommer von 10 bis 16 Uhr, an Wochenenden von 12 bis 16 Uhr. An Sommerwochenenden bietet ein kleines Café Snacks.

Eintritt: Park und Museum sind kostenlos. Spenden sind willkommen.

Aktivitäten: Von der Hängebrücke aus gibt es zwei kurze Rundwanderungen. Der Twin Falls Bridge Loop Trail ist 1 km lang und dauert 30 Min. Der Pipe Bridge Loop Trail (inkl. 30-Foot-Pool) ist 2 km lang und dauert 50 Min. Von der Pipe Bridge führen diverse Tageswanderungen auch in den benachbarten Lynn Headwaters Regional Park. Für Anfänger geeignet ist der Lynn Loop Trail, der dem idyllischen Tal des Lynn Creek weiter folgt (etwa 5 km, 2 Std.). Sportliche Wanderer können auf einem steilen Pfad den 992 m hohen Gipfel Lynn Peak erklimmen (hin und zurück 9 km, 5 Std.). Die Wanderwege im Hinterland des Parks, wie zum Lynn Lake oder auf den Coliseum Mountain, sind anspruchsvoll und nur für ausgewiesene Experten geeignet.

Unterkünfte: Im Park gibt es keine Unterkünfte oder Campingplätze. Welche Wanderung man auch wählt: Spätestens beim Einbruch der Dunkelheit sollten Sie zurück am Parkplatz sein.

Websites:
- *lynncanyon.ca,*
- *ecologycentre.ca*

7. WRECK BEACH: STRAND FÜR FREIZÜGIGE

Für manche ist es wie in Sodom und Gomorrha, für andere ist es die ultimative Freiheit: Am Wreck Beach von Vancouver zeigen Schwimmer und Sonnenanbeter gerne Haut. Und zwar ganz legal: Denn der Strand im Stadtteil Kitsilano ist einer von nur zwei offiziellen Nacktbadestränden in Kanada – und der größte seiner Art in ganz Nordamerika.

Nicht der Rede wert, werden Sie jetzt vielleicht sagen und aus europäischer Perspektive haben Sie wahrscheinlich recht. Was hat man an der Ostsee oder am Mittelmeer nicht schon alles gesehen! In Nordamerika allerdings ist Nacktbaden nicht selbstverständlich, denn hier hat man eine eher prüde Tradition. Die FKK-Kultur ist in Kanada wenig verbreitet.

Badespaß am Wreck Beach

Noch Anfang der 1970-Jahre wurden auch am Wreck Beach Nackedeis kurzerhand verhaftet, angeblich, weil sie gegen die öffentliche Moral und Sitte verstießen. Damals nutzten vor allem Hippies und Anarchisten den 6,7 Kilometer langen Abschnitt und setzten sich immer wieder gegen die Sittenwächter und Moralapostel zur Wehr. Am Ende mit Erfolg. Heute ist der Wreck Beach aus Vancouver nicht mehr wegzudenken. Rund eine viertel Millionen Menschen nutzen den Strand im Jahr und Nacktbaden gehört hier zum Alltag. Verkäufer im Adamskostüm bieten Hotdogs und Softdrinks an, man trifft Hippies beim Yoga, Alt-68er beim Boule. Studenten der nahen Universität spielen Volleyball, Gay-Pärchen spazieren am Wasser. Damit sich niemand aus Versehen hierher verirrt, weisen offizielle Schilder mit der Aufschrift „Clothing Optional" den Weg – und das ist auch wortwörtlich so gemeint. Denn einen Zwang zur Nacktheit gibt es am Wreck Beach natürlich nicht. Knapp die Hälfte der Besucher trägt mehr oder weniger viel Textil und das Nebeneinander funktioniert meist ganz gut.

Richtig gut zum Schwimmen finde ich den Strand übrigens nicht. Das Wasser ist kalt, manchmal recht trüb. Teile des Ufers sind sehr steinig. Doch am Wreck Beach steht das Schwimmen ohnehin nicht im Vordergrund. Hier geht es ums Lebensgefühl, um die Freiheit, die gute Laune und – geben wir es zu – ums Hingucken geht es manchmal auch.

INFO

Lage: Der Wreck Beach liegt im Pacific Spirit Regional Park im Südwesten von Vancouver im Stadtteil Kitsilano. Bei gutem Verkehr dauert die Fahrt vom Stadtzentrum mit dem Auto etwa 30 Min., NW Marine Drive.

Anfahrt: Vom Canada Place fahren Sie die Burrard Street stadtauswärts in Richtung Flughafen. Kurz nach der Brücke über den False Creek, biegen Sie in die 4th Avenue West nach rechts ab und folgen der Straße weiter, bis diese in den Chancellor Boulevard und den Marine Drive übergeht. Der Abgang zum Strand erfolgt über steile Pfade am Marine Drive (Trail 3, Trail 4 oder Trail 6). Zum populärsten Teil des Strandes geht es über den Trail 6, inkl. vieler Treppenstufen! Mit dem Bus dauert die Fahrt etwa 1 Std. bis zum Busbahnhof der Universität (Linie 14, UBC). Danach geht man zu Fuß weiter.

Öffnungszeiten: Der Wreck Beach hat das ganze Jahr über geöffnet, täglich von 8 Uhr bis Sonnenuntergang. Im Winter trifft man dort nur wenige Menschen, an warmen Sommertagen aber können sich bis zu 10.000 Einheimische dort tummeln. Zur Etikette gehört es, keine Foto- oder Filmaufnahmen zu machen.

Eintritt: kostenlos

Unterkünfte: Die nahe University of British Columbia bietet Unterkünfte auf dem Hochschulgelände von einfach bis komfortabel. Voll eingerichtete Suiten sind ab 219 CAD die Nacht zu buchen, Hostel-ähnliche Zimmer in einer Gemeinschaftswohnung ab 70 CAD; 5961 Student Union Boulevard, GPS: 49.269461, -123.2486436, Tel.: +1 888 331 4194, *suitesatubc.com, pacificspirithostel.ca*

Website: *wreckbeach.org*

Rund um Vancouver

Die Inselwelt rund um Vancouver

Rund um Vancouver

8. Kilby Historic Site and Farm: Kleinod am Fraser River
9. Train-Wreck von Whistler: Street-Art im Regenwald
10. Garibaldi Lake: Wandertour ins alpine Hochland von Squamish
11. Brackendale: Wo die Adler kreisen
12. Salt Spring Island: Öko-Markt in ländlicher Idylle
13. Sidney Island: Karibik in Kanada
14. Steveston: Die Fischereihauptstadt von British Columbia

Whistler
Baptiste Smith
Skookumchuck
Cheakamus
Pitt River
KANADA
Port Douglas
Egmont
Squamish
BRITISH COLUMBIA
Harrison Lake
99
Sechelt
Lions Bay
Gibsons
Pitt River
Vancouver
Sts'ailes
7
Nanaimo
Mission
Chilliwack
1
Cassidy
99
Abbotsford
Stuart Channel
Point Roberts
Lynden
Glacier
Maple Falls
North Cowichan
Bellingham
Salish Sea
1
USA
17
Rosario Strait
Haro Strait
Concrete
Friday Harbor
Anacortes
Langford
Victoria
Mount Vernon
Shirley
Strait of Juan de Fuca
Oak Harbor
0
50 km
8
9
10
11
12
13
14

8. Kilby Historic Site and Farm: Kleinod am Fraser River

Der Abschied von Vancouver kann ganz schön ernüchternd sein. Der Weg aus der Stadt ist weder schnell noch attraktiv. Besonders gilt das für die Fahrt nach Osten durch das Tal des Fraser River. Der mehrspurige Trans-Canada Highway zieht sich ewig durch schmucklose Vororte und durch Agrarland. Der Verkehr ist dicht und Staus gehören zur Tagesordnung.

Doch zum Glück gibt es einen lohnenden Zwischenstopp. Etwa eineinhalb Stunden außerhalb der City liegt ein Highlight, das die meisten Fahrer auf dem Weg in die Berge oder ins Hinterland von Vancouver glatt übersehen: Das Geisterstädtchen Harrison Mills. Genauer gesagt das, was vom einstigen Industrieort am Zusammenfluss von Fraser und Harrison River übriggeblieben ist.

Vor gut einhundert Jahren war Harrison Mills eine kleine Boomtown mit mehreren Tausend Bewohnern. Die meisten arbeiteten in einem Sägewerk oder einer Holzfabrik und profitierten von der transkontinentalen Eisenbahn, die bis 1958 in dem Ort hielt. Doch wegen seiner Lage am Wasser kam es immer wieder zu Überflutungen und der Standort verlor an Bedeutung. Geblieben sind historische Gebäude, von denen einige in ein kleines Freilichtmuseum und eine Ausstellungsfarm umgewandelt wurden. Die Kilby Historic Site zeigt das Leben im ländlichen British Columbia am Anfang des letzten Jahrhunderts, als Vancouver noch eine Kleinstadt und das Fraser Valley und das Lower Mainland noch pure Wildnis waren.

Besonders hübsch finde ich den alten Krämerladen der Familie Kilby, der bis 1977 geöffnet war und zeitweise auch als Postamt von Harrison Mills diente. In den Auslagen und Vitrinen des General Store findet man ein ganzes Sortiment an Markenartikeln und Waren in ihren originalen Verpackungen, wie sie in den 1920er- und 1930er-Jahren zum Alltag gehörten. In den Sommermonaten können Sie in dem Laden mit kostümierten Laienschauspielern tratschen und ganz in die alte Zeit eintauchen. In den Hinterzim-

Der alte Krämerladen der Familie Kilby

mern sind jene Räume zu bestaunen, in denen die Familie Kilby bis in die siebziger Jahre lebte. Das Obergeschoss diente einst als Hotel für Farmarbeiter, Verkaufsreisende, Bahnbeamte und Angestellte der Holzfabrik. Auf dem Gelände drumherum gibt es in historischen Farmgebäuden einen kleinen Streichelzoo, der besonders bei Familien populär ist. Dazu kommen Ställe, Schuppen und rustikale Blockhütten, in denen einst die Holzfäller und Mühlenarbeiter lebten. Bemerkenswert sind auch die Holzbohlenwege, die wegen der Flutgefahr auf Stelzen gebaut wurden.

Der Streichelzoo von Harrison Mills

Wie wäre es mit einer Mittagspause vor der Weiterfahrt? Im Sommer betreiben Freiwillige auf dem Gelände ein Café mit Suppen, Sandwiches und frisch gebackenem Brot. Jeden Sonntag gibt es zur Feier des Tages einen Ochsenbraten. Der Kaffee wird in einem Röster von 1919 gebrannt, die Obstkuchen sind mit frischen Früchten aus dem Ort bestückt und schmecken wie bei Oma!

INFO

Lage: Die Kilby Historic Site in Harrison Mills liegt etwa 110 km östlich von Vancouver unweit der Gemeinde Chilliwack. Die Fahrt mit dem Auto dauert etwa 90 Min. GPS: 49.235738, -121,956899, 215 Kilby Road, Harrison Mills.

Anfahrt: Vom Canada Place in Vancouver gelangen Sie über die East Cordova, Powell und McGill Streets auf den Trans-Canada Highway Nummer 1. Diesem folgen Sie für rund 70 km in Richtung Osten. An der Ausfahrt 92 verlässt man den Highway in Richtung Mission und fährt auf dem Highway 11, überquert den Fraser River und folgt dann den Schildern Richtung Highway 7, dem man rund 14 km folgt. Kurz nach der Überquerung des Harrison River biegen Sie rechts in die School Road ab, dann erneut rechts in die Kilby Road. Ein paar hundert Meter weiter erreichen Sie den Parkplatz der Kilby Historic Site.

Öffnungszeiten: In den Sommermonaten Juli und August hat das Museum von Donnerstag bis Montag von 11 bis 16 Uhr geöffnet, im Frühjahr und Herbst nur an den Wochenenden. Im Winter ist das Museum geschlossen; Tel.: +1 604 796 9576

Eintritt: 15 CAD für Erwachsene, 12 CAD für Senioren. Kinder sind kostenlos.

Aktivitäten: Nur ein paar Schritte vom Museum entfernt liegt der Kilby Provincial Park mit einem direkten Zugang zum Harrison River und einem feinen Sandstrand. Man kann dort wunderbar baden, paddeln, picknicken und fischen.

Unterkünfte: Im Park gibt es einen hübschen Campingplatz direkt am Wasser, der das ganze Jahr über geöffnet ist. Der Stellplatz kostet je nach Saison zwischen 20 und 40 CAD pro Nacht. Reservierungen werden montags und dienstags zwischen 10 und 15 Uhr telefonisch entgegengenommen: +1 604 491 4932. Die Reservierungsgebühr beträgt 7 CAD die Nacht; *reserve.campgroundbooking.com/Kilby-Park-Campground*

Website: *kilby.ca*

9. Train-Wreck von Whistler: Street-Art im Regenwald

Der Unfall passierte irgendwann im Jahr 1956. Die Wälder rund um den heutigen Mega-Skiort Whistler waren noch wild, unentdeckt und unerschlossen. Whistler hieß damals Alta Lake und hatte höchstens 300 Einwohner. Rund um den Ort und gleichnamigen See gab es nur ein paar einfache Holzhütten, eine holprige Schotterstraße und Camps der Forstindustrie.

Zerbeulte Waggons im Wald

Zu dieser Zeit schlängelten sich regelmäßig vollbeladene Güterzüge mit Bauholz durch das kurvenreiche und enge Tal von Whistler. Doch an einem Tag ging alles schief. Der Zug war überladen, entgleiste und verkeilte sich in einem Felsengang. Die Eisenbahngesellschaft hatte nicht die nötigen schweren Maschinen vor Ort, um die Waggons wieder aufs Gleis zu setzen. Also zogen Forstarbeiter den Zug mit ihren Baumaschinen vom Gleis und schubsten sieben Wagen kurzerhand in den Wald. Dort lagen sie am Ufer des

Cheakamus River über ein halbes Jahrhundert lang und rosteten vor sich hin. Irgendwann nahmen sich Einheimische und Künstler dem Wrack an, besprühten es mit Graffiti und bauten einen Park für Mountainbiker.

Die Waggons sind kunstvoll bemalt.

Heute ist der ehemalige Unfallort südlich von Whistler ein faszinierendes und gespenstisches Ziel zugleich: Die zerbeulten Waggons liegen wie riesige urbane Kunstwerke verstreut im wuchernden Regenwald, überwachsen mit Moosen, umschlungen von Ästen, umrahmt von riesigen Farnen. Oft hängt Nebel im Wald, was die mystische Aura noch unterstreicht.

Lange gab es keinen offiziellen Weg zu dem Wrack und nur Insider wussten davon. Am Fluss gab es nur ein paar provisorische Trampelpfade über die Bahngleise, und die Einheimischen blieben meist unter sich. Doch dank Social Media verbreiteten sich die Bilder der farbigen Graffiti und die Eisenbahngesellschaft sorgte sich um die Sicherheit der Besucher. Also nahm die Gemeinde Whistler, heute mit 30.000 Gästebetten einer der größten Ferienorte der Welt, die Sache in die Hand. Man baute eine Hängebrücke über den Cheakamus River und schloss den Unfallort an das offizielle Wanderwegenetz des Olympiaortes an. Noch ist der Weg auf vielen älteren Karten nicht verzeichnet.

Der Wald hat die alten Waggons fast verschluckt.

Mir gefällt der rund zwei Kilometer lange Weg übrigens nicht nur wegen des Wracks. Unterwegs hat man einen wunderbaren Blick auf den rauschenden Cheakamus River und die dazugehörigen Schluchten. Für ein Picknick oder eine idyllische Lunchpause ist der Weg allemal geeignet. Also nichts wie hin, bevor auch die großen Bustouren den Ort entdecken ...

Eine Hängebrücke führt unweit der Wracks über den Cheakamus River

INFO

Lage: Die Train Wreck Site von Whistler liegt etwa 8 km südlich des Ortes am Sea-to-Sky-Wanderweg. Mit dem Auto braucht man nur ein paar Minuten. Von Vancouver sind es bei gutem Verkehr etwa 1,5 Std.
GPS: 50.0793161, -123.0461052, Jane Lakes Road, Whistler.

Anfahrt: Vom Whistler Village fahren Sie den Sea-to-Sky Highway (mit der Nummer 99) nach Süden in Richtung Vancouver. Nach ein paar Minuten erreichen Sie eine Ampel an der Kreuzung zur Cheakamus Lake Road. Hier biegen Sie links ab, dann kurz vor einer Brücke halbrechts in den Legacy Way und kurz danach rechts in die Jane Lakes Road. Der Weg zum Wrack beginnt ein paar hundert Meter später an der rechten Straßenseite, am Sea to Sky Trail.

Öffnungszeiten: Der Weg ist ganzjährig geöffnet, im Winter braucht man je nach Wetterlage allerdings Schneeschuhe, Winterstiefel mit Spikes oder Langlaufski.

Eintritt: kostenlos

Aktivitäten: Der Sea to Sky Trail zum Wrack ist größtenteils leicht und eben, führt in einer breiten Schneise durch den Wald und ist für Jung und Alt geeignet. Nach ein paar Minuten biegt der Weg an einer Kreuzung nach rechts ab und man folgt dem Schild „Train Wreck". Kurz vor der Hängebrücke über den Cheakamus River geht es für ein paar Momente steil bergab, ist aber kein Problem. Auf der Brücke haben Sie einen tollen Blick auf die Schlucht darunter. Kurz nach der Brücke taucht im Wald dann schon der erste der sieben Waggons auf.

Unterkünfte: Der Olympiaort Whistler hat über 150 Hotels, Pensionen, Ferienwohnungen und Bed & Breakfasts und für jeden Geldbeutel ist etwas dabei. Eine Übersicht finden Sie auf der Website des Fremdenverkehrsamts, *whistler.com*

10. GARIBALDI LAKE: WANDERTOUR INS ALPINE HOCHLAND VON SQUAMISH

Die alte Holzfällersiedlung Squamish am malerischen Howe Sound boomt. Immer mehr Großstädter haben sich in den letzten Jahren in dem Ort angesiedelt, der auf halber Strecke zwischen Vancouver und Whistler am Sea-to-Sky Highway liegt. Was sie dorthin zieht? Die Ruhe, die noch akzeptablen Immobilienpreise und die schier endlosen Outdoor-Möglichkeiten.

Tatsächlich gilt Squamish als die Wildnis-Spielwiese schlechthin. Da sind die Kletterer, die sich in die Steilwände des 702 Meter hohen Stawamus Chief wagen, einen der größten Felsmonolithe der Welt. Da sind die Wintersportler, die es auf die Pisten, Loipen und Snowmobil-Tracks zieht. Da sind die Tourenskier und Wanderer, denen es die Coast Mountains angetan haben.

Auf dem Weg zum Garibaldi Lake

Mein Favorit ist der Garibaldi Provincial Park, ein knapp 2000 Quadratkilometer großes Wildnisgebiet nördlich von Squamish. Die herrliche Bergwelt rund um den 2678 Meter hohen Mount Garibaldi hat alles, was man sich als Outdoor-Fan wünscht: grandiose, vergletscherte Gipfel, glasklare Seen, rauschende Flüsse und alpines Hochland vom Besten.

In den bei Einheimischen populären Park gelangt man über fünf verschiedene Routen, die allesamt am Sea-to-Sky-Korridor liegen. Die für mich schönste Wanderung führt zum Garibaldi Lake, dem

Garibaldi Lake

Kronjuwel des Parks. Der kann es locker mit den Bergseen in den Rocky Mountains aufnehmen. Das Panorama rund um die majestätischen Eisfelder der Coast Mountains ist jedenfalls unvergleichlich.

Allerdings sollten Sie für die Tour zum Garibaldi Lake Kondition, ein wenig Erfahrung und gute Wanderschuhe mitbringen. Der gut ausgebaute und populäre Pfad windet sich über 1000 Höhenmeter und elf Kilometer nach oben, teilweise recht steil. Gut drei Stunden braucht man mit Pausen, etwas weniger zurück. Doch die Strapazen und der Schweiß lohnen! Zumal Sie den steilsten Abschnitt schon früh hinter sich haben. Vom Rubble Creek Parkplatz geht es in Serpentinen nach oben. Auf den ersten sechseinhalb Kilometern gewinnen Sie über 800 Höhenmeter! Danach flacht der Weg ab und passiert zwei kleine Seen, den Barrier Lake und den Lesser Garibaldi Lake. Beide sind ein kleiner Vorgeschmack auf das ultimative Ziel.

The Black Tusk

Etwa eine halbe Stunde nach den Seen folgt man einer Weggabelung nach rechts, verliert etwas an Höhe, passiert eine kleine Brücke und auf einmal öffnet sich das Blickfeld ... Wow! Diese Aussicht ist phänomenal: der See, die kleinen Inseln im Wasser, das alpine Hochplateau mit seinen Gletschern. Wen das nicht sprachlos macht, der ist in Kanada falsch aufgehoben! Von hier aus führt der Weg weiter am Seeufer entlang, vorbei an einer Wildnis-Campsite bis zu ein paar Halbinseln, die in den See hineinragen. Hier stehen ein paar Bänke am Wasser, die man vom Ufer nicht unbedingt sieht. Sie sind ein ideales Ziel, um den schmerzenden Muskeln ein wenig Entspannung zu gönnen. Für Tagesausflügler geht es danach auf demselben Weg zurück.

Wer mehr erleben will, der kann sein Zelt mitbringen und ein bis zwei Tage am Garibaldi Lake campen. Auf einer weiteren Tageswanderung erreicht man von hier The Black Tusk, eine bizarre Felsnadellandschaft vulkanischen Ursprungs hoch über dem See, von dem die Ureinwohner glauben, sie sei der Geburtsort der legendären Sagengestalt „Thunderbird". Ein weiterer Weg führt über den alpinen Helm Pass bis zum Cheakamus Lake.

INFO

Lage: Der Ausgangspunkt der Wanderung liegt etwa 35 km nördlich von Squamish am Rubble Creek Parkplatz am Ende der Daisy bzw. Garibaldi Lake Road. Mit dem Auto dauert die Fahrt etwa 30 Min. GPS: 49.9654648, -123.1314181, Daisy bzw. Garibaldi Lake Road, Squamish.

Anfahrt: Von Squamish fahren Sie den Sea-to-Sky Highway (mit der Nummer 99) nach Norden in Richtung Whistler. Nach etwa 32 km biegen Sie an einer Kreuzung rechts in die Garibaldi Lake Road ab (auf manchen Karten heißt die Straße auch Daisy Lake Road). Man folgt der Straße weitere 2,5 km bis zum Parkplatz.

Öffnungszeiten: Die Tour ist am besten zwischen Mitte Juni und Mitte September. Im Frühsommer kann rund um den See noch Schnee liegen.

Eintritt: Achtung! In den Sommermonaten müssen Sie sich vor der Wanderung online registrieren und einen kostenlosen Day-Use-Pass erwerben. Nur mit dem Pass werden Sie zum Parkplatz gelassen! *reserve.bcparks.ca/dayuse/registration*

Aktivitäten:

- Für erfahrene Wanderer und Bergsteiger ist der Weg zum Garibaldi Lake oft nur der Einstieg für eine Mehrtagestour in die Bergwelt der Coast Mountains.
- Einen tollen Blick auf die Coast Mountains, Squamish und den Howe Sound bietet auch die Sea-to-Sky-Gondola, 2 km südlich vom Ort. Die Bergbahn bringt Sie in zehn Minuten auf 885 Höhenmeter. Das Ticket kostet 69,95 CAD; *seatoskygondola.com*

Unterkünfte: Rund um den See gibt es zwei offizielle Campsites: den Garibaldi Lake Campground (direkt am See) und den Taylor Meadows Campground (auf einer Lichtung). Reservierungen sind erforderlich, da beide Plätze oft ausgebucht sind; *bcparks.ca/reservations/*

11. Brackendale: Wo die Adler kreisen

Auf dem Weg von Vancouver in den Skisportort Whistler geht es mit dem Auto an Brackendale vorbei – doch die meisten Besucher lassen die kleine Gemeinde am Squamish River links liegen. Das ist schade, ganz besonders in den Wintermonaten. Denn in Brackendale kann man ohne größeren Umweg oder Zeitaufwand ein einmaliges Naturschauspiel erleben.

Zwischen Ende Oktober und Anfang Februar versammelt sich hier eine der größten Anzahlen an Weißkopfseeadlern in ganz Nordamerika. Nicht einmal in Alaska oder auf den Inseln von Haida Gwaii kann man so viele der majestätischen Vögel so dicht aufeinander erleben. In guten Jahren können es bis zu 4000 Adler sein. Ferngläser und Fotoapparate also nicht vergessen!

Die schneebedeckten Gipfel über Brackendale

Der Weißkopfseeadler

Für die Adler ist die Region um Brackendale ein wahres Schlaraffenland, denn hier können sie sich den Bauch mit leckeren Lachsen vollschlagen. Die Fische wandern jeden Herbst an die nahe Flussmündung von Squamish River und Mamquam River, um in den dortigen Gewässern abzulaichen. Danach sind sie so geschwächt, dass die Adler nur noch zugreifen müssen.

Ich schaue mir das Schauspiel am liebsten von einem Deich aus an, der sich entlang der Government Road am Fluss entlangzieht. Von dort sieht man, wie sich die Adler im Steilflug auf die Lachse stürzen, sie mit ihren scharfen Schnäbeln und Krallen zerrupfen und die besten Fleischbrocken verschlingen. Oder wie sie, auf Baumkronen sitzend, ihr Mahl verdauen. An einem Beobachtungsstand auf dem Deich können Sie zum Höhepunkt der Adler-Saison mit Vogelkundlern plauschen und auch Fragen loswerden. Wer friert, kann sich in einer nahen Kunstgalerie, dem sogenannten Eagle Count Headquarter, bei einer heißen Suppe aufwärmen, Diashows ansehen und den aktuellen Stand der Adler-Zählung verfolgen. Denn die Masse der Adler schwankt von Jahr zu Jahr, je nach Qualität der Lachssaison. Offiziell gezählt wird jeden ersten Sonntag im Januar im Rahmen des Adlerfestivals in Brackendale. Dazu gibt es Konzerte, Vorträge und Ausstellungen aller Art.

In Brackendale halten die Adler Ausschau nach Lachsen.

Die Adler sind wahre Flugkünstler.

INFO

Lage: Brackendale liegt etwa 70 km nördlich von Vancouver und etwa 50 km südlich von Whistler. Die Fahrt mit dem Auto dauert zwischen 30 Min. und 1 Std. GPS: 49.7678719, -123.1509026, Government Road, Brackendale.

Anfahrt: Vom Canada Place in Vancouver fahren Sie über die Lions Gate Bridge auf den Highway 99 in Richtung Norden, dem sogenannten Sea-to-Sky Highway. Kurz hinter Squamish biegen Sie an einer Ampel nach links ab in die Depot Road. Nach ein paar hundert Metern geht es wieder links auf die Government Road. Nach wenigen Minuten erreichen Sie rechtsseitig einen Deich, von wo aus man die Adler beobachten kann. Am Rande der Straße lässt es sich gut parken.

Öffnungszeiten: Die Adler-Saison reicht in der Regel von Mitte Oktober bis Anfang Februar. Die meisten Adler tauchen im Dezember und Januar auf. Dann ist an den Wochenenden auch die Aussichtsplattform auf dem Deich mit Biologen oder Freiwilligen besetzt. Diese sind in der Regel von 10 bis 15 Uhr vor Ort. Aber auch ohne Guides kann man die Adler auf eigene Faust verfolgen. Das Brackendale Art Gallery Theatre Tea House, das sogenannte Eagle Count Headquarter, ist an den Wochenenden zwischen 12 Uhr und 22 Uhr geöffnet. Während des Adler-Festivals im Januar hat die Galerie zusätzlich donnerstags und freitags geöffnet; 41950 Government Road, Brackendale, Tel.: +1 604 898 3333

Eintritt: kostenlos

Aktivitäten: Zwischen April und September können Sie den Vögeln auch mit Squamish Rafting im Rahmen einer geführten float tour im Boot auf dem Squamish River nahekommen. Die Tour beginnt täglich um 9:15 Uhr und kostet 149,95 CAD für Erwachsene und 114,99 CAD für Kinder, warm anziehen! Tel.: +1 604 898 4677, *squamish-rafting.com*

Unterkünfte: Rustikale, aber gemütliche Hütten für Selbstversorger direkt am Fluss bietet Sunwolf; 70002 Squamish Valley Road, Squamish. Pro Nacht zwischen 210 und 250 CAD, teilweise mit Küchen; Tel.: +1 604 898 1537, *sunwolf.net*

12. SALT SPRING ISLAND: ÖKO-MARKT IN LÄNDLICHER IDYLLE

Auf dem Weg von Vancouver nach Victoria? Dann passieren Sie auf der Fähre oder im Flugzeug die Southern Gulf Islands, ein idyllischer Archipel von hunderten verstreuten Inseln in der Salish Sea. Noch nehmen sich nur wenige Besucher aus Europa die Zeit, diese Eilande zu besuchen. Viele Kanadier dagegen lieben die Inseln – ich selbst habe dort ein Haus.

Die Fähre von BC Ferries passiert die Southern Gulf Islands.

Toll ist das mediterrane Klima, das sich hier im Windschatten der Küstengebirge von Vancouver Island und dem Festland etabliert hat. Dazu kommen die idyllischen Strände, die malerischen Häfen und Segelreviere. Aber auch Genießer kommen auf ihre Kosten, denn die Ökohöfe, Weingüter und Künstlerateliers dort gehören zu den beliebtesten in British Columbia.

Besonders gilt das für Salt Spring Island, der mit 11.000 Bewohnern größten Insel. Dreißig Minuten dauert der Flug mit einem Wasserflugzeug von Vancouver in den Hauptort Ganges und er

Palmen am Hafen von Ganges

allein ist schon die Reise wert. Man fliegt über zerklüftete Küsten, einsame Buchten und felsige Klippen. Überall erkennt man bunte Punkte im Wasser: Jachten, Segelboote, Kajaks. Aber auch die Fähren von BC Ferries bringen einen hin.

Besonders lohnt sich ein Ausflug am Samstag. Dann ist rund um den Hafen von Ganges Wochenmarkt – und der ist wirklich außergewöhnlich. Ob frisches Olivenöl, Ziegenkäse, saftige Fisch-Tacos, bunte Windspiele oder Schmuck aus Treibholz: Mehr als 150 Farmer, Erzeuger und Künstler bieten ihre Produkte an. Der Markt ist bei den Einheimischen aus Vancouver oder Victoria sehr beliebt, denn hier ist alles „Farm to Table": (Fast) alles was Sie kaufen oder verzehren wurde auf Salt Spring Island produziert. Alle Kunstgegenstände, Schmuckstücke oder Töpferwaren wurden von lokalen Künstlern oder Handwerkern gefertigt. Das hat mitunter seinen Preis – aber es ist authentisch. Kein Wunder, dass es an Markttagen in dem sonst so beschaulichen Ganges lebhaft zugehen kann. Tagesausflügler stöbern dann ausgiebig in den Galerien und Antiquitätengeschäften am Hafen, Kinder bauen Sandburgen am Strand, Straßenmusiker zupfen auf ihren Gitarren, Yogaschüler strecken sich im Park, Hippies rauchen einen Joint (Cannabis ist legal in Kanada).

Wochenmarkt in Ganges

Sie mögen wie ich einen Bubbly? Dann besuchen Sie das Weingut Salt Spring Vineyards! Der „Karma“, ein Sparkling Wine aus lokalem Chardonnay und Pinot Noir, kann es locker mit den Champagnern dieser Welt aufnehmen. Dazu kommt im Sommer die mediterrane Atmosphäre: Die Luft flimmert, die Grillen zirpen, man riecht den Duft von Lavendel. Im Sommer wird an Freitagen und Sonntagen Livemusik gespielt.

Mein Tipp für Outdoor-Fans: Eine Kajaktour zum Sonnenuntergang über den Three Sister Islands, drei vorgelagerten Inselchen in der Hafeneinfahrt von Ganges. Oder eine kurze Wanderung zur Burgoyne Bay, einer versteckten Bucht mit bunten Hausbooten und knorrigen Eichenbäumen, deren Gattung es in Kanada nur im Süden von Vancouver Island und auf den Gulf Islands gibt (sogenannte Garry Oak Trees).

INFO

Lage: Salt Spring Island liegt 70 km südwestlich von Vancouver in der Salish Sea und kann mit Wasserflugzeug oder Fähre erreicht werden.

Anfahrt:

- Vom Wasserflugzeug-Terminal am Canada Place in Vancouver fliegt Harbour Air mehrmals täglich nach Ganges und zurück, Tel.: +1 250 537 9880, *harbourair.com*
- Die Fähren von BC Ferries nach Salt Spring fahren mehrmals täglich von Swartz Bay oder Crofton auf Vancouver Island oder von Tsawwassen auf dem Festland (seltener). Die jeweils aktuellen Fahrpläne gibt es unter *bcferries.com/schedules/southern*

Öffnungszeiten: Der Markt findet von Anfang April bis Ende Oktober jeden Samstag von 9 bis 15 Uhr statt und zwar im Centennial Park, nur ein paar Schritte vom Hafen von Ganges entfernt.

Aktivitäten:

- Die Salt Spring Vineyards liegen 9 km außerhalb von Ganges in der 151 Lee Road, Tel.: +1 250 653 9463. In den Sommermonaten sind das Weingut samt Bistro an den Wochenenden von 12 bis 18 Uhr geöffnet, im Winter gelten eingeschränkte Öffnungszeiten, *saltspringvineyard.ca*
- Geführte Kajaktouren und einen Kajakverleih bietet Salt Spring Adventures; 125 A Rainbow Road, Tel.: +1 250 537 2764. Die Kajakmiete beträgt 99 CAD pro Tag, *saltspringadventures.com*
- Die Wanderwege entlang der Burgoyne Bay beginnen etwa 11 km außerhalb von Ganges. Sie erreichen den Park, wenn Sie die Fulford-Ganges Road etwa 9 km nach Süden fahren und dann rechts in die Burgoyne Bay Road abbiegen. Ein Hinweisschild von B.C. Parks weist den Weg.

Unterkünfte:

- Salt Spring Island ist für seine gemütlichen Inns und Bed & Breakfasts bekannt. Eine Liste finden Sie unter *saltspringtourism.com/stay*
- Hübsch ist auch das Salt Spring Inn im Ortskern von Ganges. Es hat sieben Zimmer und ein beliebtes Restaurant, die Preise ändern sich je nach Jahreszeit und Auslastung; 132 Lower Ganges Road, Tel.:+1-250 537 9339, *saltspringinn.com*

13. Sidney Island: Karibik in Kanada

Palmen, Standstrände und Sonne satt – das gibt es auf den Inseln im Gulf Islands National Park. Fast könnte man meinen, man wäre irgendwo in der Karibik oder am Mittelmeer. Doch nein, die 15 Inseln und zahllosen Inselchen des Nationalparks liegen in der Strait of Georgia zwischen Vancouver Island und dem US-Bundesstaat Washington und gehören zu Kanada.

Die Inseln sind ein Paradies für Segler, Sonnenanbeter und Strandratten und eine beliebte Sommerfrische. Denn dort kann man nicht nur wunderbar relaxen. Man kann auch Wale, Seelöwen und Wasservögel beobachten oder seltene Muscheln sammeln. Ohne

Strand an der Sidney Spit

eigenes Boot oder Kajak kann es allerdings schwer sein, zu den Inseln zu kommen.

Zum Glück gibt es eine Ausnahme: Sidney Island. Die 900-Hektar-Insel ist im Sommer für jedermann erreichbar. Und zwar dank der „Sallas". Die Passagierfähre hat Platz für rund 50 Gäste und bringt Besucher mehrmals am Tag vom Dock im Hafenstädtchen Sidney auf Vancouver Island auf die Insel. Es ist ein Trip, den Sie nicht versäumen sollten.

Sidney Island wird nur in wenigen deutschsprachigen Reiseführern erwähnt, bei den Kanadiern vor Ort allerdings ist sie der Hit. Denn die Insel, von deren Ostufer aus man direkt auf die San Juan

Menschenleere Sandstrände auf Sidney Island

Islands in den USA blicken kann, ist der perfekte Rückzugsort für ein sonniges Sommerwochenende – direkt vor der Haustür von Victoria und Vancouver.

Ich liebe die 25-minütige Fahrt durch die geschützten Gewässer der Strait of Georgia. Manchmal begleiten Delfine das Boot, mit viel Glück sogar die riesigen Orca-Wale, die das ganze Jahr über zwischen Vancouver Island und dem Festland leben. Man passiert zahllose Inselchen, Riffs und Sandbänke, auf denen Vögel nisten und Seehunde schlafen.

Die Insel selbst besticht mit zwei traumhaften Sandstränden, die zu den schönsten in Kanada gehören. Einer liegt unweit des Docks auf der Sidney Spit, einer schmalen Sandbank an der Spitze der Insel, die wie ein ausgestreckter Zeigefinger ins Wasser ragt. Der andere liegt an der Sidney Lagoon, einer geschützten Meerwasser-Lagune unweit des kleinen Zeltplatzes.

Ach ja, picknicken und campen kann man auch ganz wunderbar auf Sidney Island, allerdings nur mit dem Zelt, denn auf der Insel gibt es keine Autos und keine Straßen. Dafür einen rund vier Kilometer langen Wanderweg, der von der Sidney Spit an der idyllischen Lagune vorbei führt bis zur Hook Spit, einem zerklüfteten Landarm, der wie ein Haken ins Meer reicht.

INFO

Lage: Sidney Island liegt in der Strait of Georgia 25 Min. mit dem Boot vom Städtchen Sidney entfernt. Die Fahrt mit dem Auto von Victoria nach Sidney dauert etwa 30 Min.
GPS: 48.6003054, -123.290831, Sidney Island.

Anfahrt: Vom Inner Harbour in Victoria fahren Sie auf die Blanshard Street in Richtung Norden. Bald geht die Straße in den Island Highway 17 über, dem Sie rund 25 km nach Norden folgen in Richtung Swartz Bay Ferry Terminal. Kurz vor dem Fährterminal biegen Sie an einer Kreuzung mit Ampel rechts in die Beacon Avenue ab, die Sie direkt zum Hafen von Sidney führt. Am Ende der Beacon Avenue liegt das Beacon Pier. An diesem Dock legt auch die Passagierfähre nach Sidney Island ab. Tel.: +1 250 656 7599, *sidneyspitferry.com/*

Öffnungszeiten: Die Fähre von Sidney nach Sidney Island verkehrt von Mai bis Anfang September. Die Insel ist das ganze Jahr erreichbar, allerdings braucht man in der Zwischen- und Nebensaison sein eigenes Boot oder Kajak. Das Wasser ist das ganze Jahr kühl. Auf der Insel gibt es keine Versorgungsmöglichkeiten. Man sollte ausreichend Verpflegung einpacken.

Eintritt: Die Überfahrt nach Sidney Island kostet 25 CAD für Erwachsene und 21 CAD für Kinder.

Aktivitäten: Geführte Kajaktouren in den Gulf Islands National Park bietet Blue Dog Kayaking in Sidney. Dort können Sie auch ein Kajak mieten, alle Touren beginnen am Dock von Sidney; Tel.: +1 250 710 7693, *bluedogkayaking.com*

Unterkünfte: Auf Sidney Island gibt es einen kleinen Wildnis-Campingplatz für 29 Zelte, 19,75 CAD pro Platz plus Reservierungsgebühr von 11,50 CAD. Die Ausstattung ist einfach: mehrere Plumpsklos, ein Frischwasseranschluss und einige Picknicktische. Reservierungen über die Parks-Canada-Website sind angeraten; *parks.canada.ca/voyage-travel/reserve*

14. Steveston: Die Fischereihauptstadt von British Columbia

Sie sitzen im Flughafen von Vancouver und warten auf Ihren verspäteten Urlaubsflieger? Oder Sie haben gerade Ihren Mietwagen abgegeben, aber noch einen halben Tag Zeit, bevor es auf die Reise geht? Wer nicht ewig in der Wartehalle ausharren mag und stattdessen die frische Seeluft bevorzugt, der hat unweit des Terminalgebäudes eine tolle Alternative.

Das pittoreske Fischerstädtchen Steveston ist mit dem Taxi vom Flughafen in nur zwanzig Minuten zu erreichen und bietet maritimes Flair vom Feinsten. Steveston liegt auf der Lulu-Insel zwischen dem Nord- und Südarm des Fraser River in Richmond und bietet alles, was ein quirliges Hafenstädtchen ausmacht: eine hübsche Uferpromenade mit Kai und Bootsstegen, historische Fischerhäuser auf Stelzen, dazu Eisdielen, Cafés und prima Fischrestaurants.

Die Waterfront von Steveston

Die Fischfangflotte von Steveston

Ich gehe gerne dorthin, um mir am Hauptkai an der Fisherman's Wharf die frischen Leckereien aus dem Pazifik direkt beim Fischer auf dem Boot zu kaufen. Das Angebot ist reichhaltig und variiert je nach Jahreszeit: Ob Krabben, Shrimps, Seeigel, Seetang, Heilbutt, Kabeljau oder Lachs – Liebhaber von Fisch und Meeresfrüchten kommen in Steveston voll auf ihre Kosten. Kein Wunder, denn Steveston ist und war Kanadas Fischereihauptstadt Nummer eins. In den 1880er-Jahren gab es hier im Mündungsgebiet des Fraser River über 50 Fischfabriken. Der Ort galt damals als der größte Fischereihafen der Welt. Noch heute beheimatet Steveston Kanadas größte kommerzielle Fischfang-Flotte mit über 600 Schiffen und Booten.

An der Uferpromenade ist die historische Tradition des Ortes allgegenwärtig. In der Dosenfabrik Gulf of Georgia Cannery wurden von 1894 bis 1979 jedes Jahr Millionen Lachse in Konserven gefüllt und in die ganze Welt verschickt. Heute steht das Gelände mit seinen riesigen, industriellen Abfüll- und Packanlagen unter Denkmalschutz und kann besichtigt werden.

Historische Wohnhäuser in den Britannia Shipyards

Ein paar Minuten weiter schlendert man durch die Britannia Shipyards, einen Hafenabschnitt, in dem einmal die Werft und die Trockendocks von Steveston angesiedelt waren. Die 14 historischen Wohn-, Schlaf- und Fabrikgebäude gehen bis auf das Jahr 1885 zurück, sind liebevoll restauriert und mit Möbeln und Werkzeugen aus der damaligen Zeit eingerichtet.

Die Werft der Britannia Shipyards

INFO

Lage: Steveston liegt südlich von Vancouver in der Gemeinde Richmond. Die Fahrt mit dem Auto oder Taxi vom Canada Place dauert etwa 45 Min. Vom Flughafen sind es 20 Min. GPS: 49.1161, -123.1847.

Anfahrt: Vom Vancouver International Airport geht es auf der Hauptzugangsstraße Grant McConachie Way etwa 2,5 km oder 5 Min. lang zurück in Richtung Innenstadt, dann biegen Sie an einer Kreuzung in den Aurora Connector nach rechts ab, danach gleich wieder links in die Miller Road, vorbei am Park-and-Fly-Parkplatz des Flughafens. Nach etwa 1 km geht es dann nach rechts in den Russ Baker Way, der im weiteren Verlauf in die No 2 Road übergeht. Dieser folgen Sie immer geradeaus für 7 km, bis Sie den Steveston Highway kreuzen. Dem folgen Sie nach rechts und nach weiteren 1,5 km ist das Ortszentrum erreicht.

Öffnungszeiten:

- Die Gulf of Georgia Cannery National Historic Site hat das ganze Jahr täglich außer an Feiertagen von 10 bis 17 Uhr geöffnet; 12138 Forth Avenue, Richmond, Tel.: +1 604 664 9009, *gulfofgeorgiacannery.org*
- Die Britannia Shipyards sind im Sommer von Mai bis September täglich von 10 bis 17 Uhr und im Winter von 10 bis 16 Uhr geöffnet; 5180 Westwater Drive, Richmond, Tel.: +1 604 238 8050, *stevestonheritage.ca*

Eintritt: Die Gulf of Georgia Cannery National Historic Site verlangt 13,25 CAD Eintritt pro Person. Die Britannia Shipyards können kostenlos besichtigt werden.

Restaurants:

- Leckere fish 'n' chips gibt es direkt am Kai auf einer Terrasse am Wasser bei Pajo's; 12351 3rd Avenue, Richmond, Tel.: +1 604 272 1588, *pajos.com/pajos-at-the-wharf*
- Den besten frischen Heilbutt bekommt man im Steveston Seefood House; 3951 Moncton Street, Richmond, Tel.: +1 604 271 5252, *stevestonseafoodhouse.com*

Website: *visitrichmondbc.com/things-to-do/steveston-village*

Vancouver Island

Stormwatching an den Stränden von Vancouver Island

Vancouver Island

15. Goldstream Provincial Park: Naturschauspiel Lachse
16. Botanical Beach: Die stürmische Küste bei Port Renfrew
17. Bamfield: Mit dem Frachtschiff durch das Alberni Inlet
18. Forbidden Plateau: Paradiesische Wanderung im Strathcona Park
19. Hot Springs Cove: Heiße Quellen an der Küste vor Tofino
20. Meares Island: Ground Zero der Waldschützer
21. Cormorant Island: Wo der Potlatch wieder auferstanden ist
22. San Josef Bay: Ein Ort wie geschaffen für Adam und Eva

Spiller Channel
Bella Coola
Anahim Lake
Chilcotin River
Bella Bella
Queens Sound
Chilcotin River
Kleena Kleene
Rivers Inlet
Fitz Hugh Sound
Klinaklini River
Tatlayoko Lake
Big Creek
KANADA
South Passage
Tŝilhqox Biny (Chilko Lake)
22
Gordon Channel
21
Sullivan Bay
Gold Bridge
Knight Inlet
BRITISH COLUMBIA
Port McNeill
Port Alice
Johnstone Strait
Church House
19
Sutil Channel
Whistler
Fair Harbour
Kyuquot
Vancouver Island
18
Powell River
99
Malaspina Strait
19
Yuquot
Courtenay
17
Lions Bay
Strait of Georgia
20
19
Vancouver
Ahousaht
Port Alberni
Esowista
17
Stuart Channel
Imperial Eagle Channel
Bamfield
16
15
Neah Bay
Pazifischer Ozean
Port Angeles
Forks
La Push
Brinnon
Kalaloch
USA
0
100 km
Humptulips
Shelton

15. Goldstream Provincial Park: Naturschauspiel Lachse

Lachse bedeuten Leben, Lachse bedeuten Wohlstand. Besonders gilt das für British Columbia. Schon für die Ureinwohner waren die Fische über Jahrhunderte die wichtigste Nahrungsquelle. Es gab sie in einem solchen Überfluss, dass die Küstenvölker nur selten hungern mussten und Zeit hatten für prächtige Schnitzkunst und farbenfrohe Feste.

Ein Lachs beim Laichen im Goldstream River

Auch heute spielt der Lachs für die Wirtschaft im Westen Kanadas eine wichtige Rolle. Die First Nations fangen die Fische manchmal noch mit traditionellen Methoden wie mit Fangnetzen und Speeren. Es gibt aber auch kommerzielle Fangflotten und moderne Fischfarmen. Letztere sind wegen ihrer möglichen negativen Umwelteinflüsse in Kanada allerdings umstritten.

Besucher können den Lachsen an vielen Stellen in British Columbia nahekommen. Mein bevorzugter Ort ist der Goldstream Provincial Park auf Vancouver Island, der mit 450 Kilometern Länge größten Insel von British Columbia. Vor den Toren der Hauptstadt Victoria lässt sich von Ende Oktober bis Ende November ein faszinierendes Naturritual beobachten: die Lachswanderung. Dabei kehren die Lachse vom Pazifik, wo sie ihr Erwachsenenleben verbringen, zu dem Ort ihrer eigenen Geburt zurück, um dort abzulaichen und zu sterben.

Im Fall des Goldstream Park steigen sie vom Meer über den Finlayson Arm hinauf in den Goldstream River, der sich wie ein mäanderner Fluss mit allerlei kleineren Seitenarmen durch das Schutzgebiet zieht. Die weiblichen Fische suchen sich ein Kiesbett im flachen Wasser, möglichst nahe an jenem Ort, an dem sie einst selbst aus den Eiern geschlüpft sind. Mit ihren kräftigen Schwanzflossen bauen sie unter Wasser eine Art Nest, während die männlichen Fische um die Gunst der Weibchen streiten. Nur die stärksten schaffen es zu den Weibchen ins Nest. Auf Spazierwegen und Aussichtsplattformen entlang des Flusses kommt man den zappelnden Fischen so nahe, dass man sie beinahe mit den Händen greifen und aus dem Wasser ziehen könnte, was Sie natürlich nicht tun sollten! Nicht selten springen die Lachse mit voller Kraft aus dem zumeist flachen Wasser, um Hindernisse wie umgefallene Baumstämme zu überwinden.

Wanderweg im Goldstream Provincial Park

In einem kleinen Naturschutzzentrum am Ufer des Finlayson Arm wird der Lebenszyklus der Fische erklärt. Im Goldstream River kommen drei der sechs pazifischen Lachsarten vor: Chum, Coho und Chinook. Die Arten unterscheiden sich nach Größe, Färbung und Auftreten. An einer Kreidetafel können Sie verfolgen, wie viele Lachse im laufenden Jahr schon vorbeigezogen sind.

Auch außerhalb der Lachssaison lohnt sich ein Besuch. In den Regenwäldern des Parks wachsen uralte Rotzedern und Douglasien, bunte Ahornbäume und sogar Orchideen! Es gibt einen Campingplatz, Picknickplätze und Wanderwege von leicht bis anspruchsvoll. Besonders schön ist der Weg zu den Wasserfällen auf der Westseite des Parks, die fast 50 Meter hoch sind!

Wasserfall im Goldstream Park

INFO

Lage: Der Goldstream Provincial Park liegt am Trans-Canada Highway, der von Victoria nach Nanaimo führt. Mit dem Auto braucht man von Victoria aus etwa 30 bis 45 Min. GPS: 48.4799872, -123.5478431, Goldstream Provincial Park, Langford.

Anfahrt: Vom Inner Harbour in Victoria folgen Sie der Government Street nach Norden. An der Kreuzung zur Hillside Avenue mündet diese in den Trans-Canada Highway. Auf dem bleiben Sie dann für knapp 20 km. Der Highway führt direkt durch den Goldstream Park hindurch. Etwa 2 km nach dem Eingangschild zum Park biegen Sie in die Finlayson Arm Road nach rechts ab. Dort befinden sich Parkplätze, die während der Lachssaison allerdings oft voll sind. Vom Parkplatz kann man zu Fuß zum Naturschutzzentrum und dem Flussufer laufen.

Öffnungszeiten: Der Park samt Campingplatz ist ganzjährig geöffnet. Das Naturschutzzentrum Goldstream Nature House hat in der Lachssaison täglich von 9:30 bis 16 Uhr geöffnet; Tel.: +1 250 478 9414, *naturehouse.ca/j333/index.php/naturehousessouth*

Eintritt: kostenlos; das Naturschutzzentrum erbittet eine Spende von 2 CAD pro Person.

Aktivitäten: Zwei Spazierwege führen vom Parkplatz zum Flussufer, wo man die Lachse beobachten kann: der Lower Goldstream Trail und der Bridge Trail. Beide Spazierwege dauern nicht länger als 15 bis 30 Min. Zum Naturschutzzentrum kommt man in 15 Min. über den Visitor Centre Trail. Wer die Wasserfälle besuchen will, der startet an einem Parkplatz auf der Westseite des Trans-Canada Highway ein paar hundert Meter hinter dem Hauptparkplatz und geht dann den Gold Mine Trail für ein paar Minuten am Niagara Creek entlang bis zum Ziel. Ein anspruchsvoller und steiler Weg führt auf den 419 Meter hohen Mount Finlayson, hin und zurück dauert die Tour etwa 2 Std. Die Aussicht von dort ist fabelhaft!

Unterkünfte: Der Campground des Parks hat 174 Campsites, die mit dem Auto oder Wohnmobil angesteuert werden können. Wegen der Nähe zu Victoria ist der Platz in den Sommermonaten oft mit Einheimischen voll. Im Juli und August sollte man einen Stellplatz vorab reservieren, *camping.bcparks.ca*

Website: *bcparks.ca/goldstream-park*

16. Botanical Beach: Die stürmische Küste bei Port Renfrew

Die Westküste von Vancouver Island ist rau, ungezähmt, stürmisch. Meterhohe Brecher rollen auf die Ufer zu, die Brandung rauscht und es regnet und regnet und regnet ... Ganz besonders gilt das für das Örtchen Port Renfrew im äußersten Südwesten. Rekordverdächtige 3500 Millimeter Niederschläge misst man hier im Jahr – viermal so viel wie in Hamburg.

Trotzdem – oder gerade deswegen – hat sich das Holzfällerdorf zu einem Hotspot für Abenteurer und Ökotouristen gemausert. Das liegt zum einen am weltberühmten West Coast Trail, einem anspruchsvollen Trekkingpfad, der über 75 Kilometer an der Küste entlangführt – über steile Klippen, überflutete Strände, waghalsige Leitern und schmale Hängebrücken. Vier bis sieben Tage dauert das Abenteuer und man braucht dafür eine Menge starker

Sonnenuntergang im Hafen von Port Renfrew

Nerven. Man kann die herrlichen, gezeitengeprägten Küstenlandschaften, die spektakulären Strände und Sonnenuntergänge aber auch auf weniger aufwendige Weise entdecken. Schon die Fahrt über den idyllischen Küstenhighway von Victoria nach Port Renfrew bietet tolle Ausblicke. Einmal angekommen können Sie dann einen entspannten Spaziergang zur Botany Bay und zum Botanical Beach unternehmen.

Nicht immer sind die Wellen rund um Port Renfrew so zahm wie hier!

Die Bucht und der Strand liegen im Juan de Fuca Provincial Park kurz hinter Port Renfrew. Mich begeistern die einmaligen Gezeitentümpel, die sich durch Wind und Wetter geformt und am Fuße erodierter Sandsteinklippen gebildet haben. Bei Ebbe können Sie dort wunderbar das maritime Leben erkunden: Fische, Krebse, bunte Seesterne, Seeigel und noch vieles mehr.

Der gut gepflegte Rundweg, der über die Botany Bay zum Botanical Beach führt, ist mit rutschfestem Schuhwerk leicht zu bewältigen. Der Pfad ist breit und relativ flach, nur rund drei Kilometer lang und führt meist durch den Regenwald, gelegentlich über hölzerne Brücken und Stege oder kurze Treppen. Kein Vergleich also zum schwierigen West Coast Trail!

Der Strand selbst ist überwuchert mit üppigen Moosen, Algen und Tang. Überall stapeln sich mächtige Baumstämme, die von den Wellen angespült wurden. Oft hängen Nebelschwaden zwischen den Felsen, was dem Uferabschnitt eine geheimnisvolle Stimmung verleiht. Schon mal stundenlang der Brandung zugehört? Der Botanical Beach ist der perfekte Ort dafür!

Die Pools am Botanical Beach

INFO

Lage: Der Botanical Beach liegt nahe Port Renfrew, etwa 110 km westlich der Provinzhauptstadt Victoria am Ende des kurvigen Küstenhighway 14. Mit dem Auto braucht man etwa 2 Std. GPS: 48.5254811, -124.4426364.

Anfahrt: Zum Parkplatz des Botanical Beach gelangen Sie, wenn Sie an der Hauptkreuzung in Port Renfrew links auf die Parkinson Road abbiegen. Dieser folgen Sie bis zum Hafendock. Von dort zweigt die unbefestigte Cerantes Road nach links ab über 3 km bis zu einem Parkplatz des Juan de Fuca Provincial Park am Ende der Straße.

Öffnungszeiten: Der Park und Wanderweg zum Botanical Beach sind ganzjährig geöffnet. Allerdings sollte man sich vorher über die Gezeiten informieren und den Weg nicht bei Flut laufen.

Eintritt: Der Eintritt ist frei. Parken kostet 5 CAD pro Auto und Tag.

Aktivitäten:

- Der Rundparcours zur Botany Bay und zum Botanical Beach ist 2,8 km lang und dauert je nach Zeitbudget 2 bis 3 Std.
- Wer den ungleich anspruchsvolleren West Coast Trail anpacken will, der muss sich vorher bei der kanadischen Nationalparkbehörde online anmelden. Der Weg ist von Anfang Mai bis Ende September geöffnet. Eine ausführliche Vorbereitung und Wildniserfahrung sind zwingend erforderlich, *pc.gc.ca/en/pn-np/bc/pacificrim/activ/SCO-WCT*. In Port Renfrew beginnt die Mehrtagestour mit einem Besuch des West Coast Trail Office, Pacheena Road, Tel.: +1 250 647 5434
- Für einen Tagesausflug ab Port Renfrew eignet sich der Besuch von Avatar Grove, einem geschützten Teil des Küstenregenwaldes, wo Sie besonders knorrige und große Douglastannen und Rotzedern bewundern können. Der Waldabschnitt liegt etwa 12 km nördlich von Port Renfrew an der an der Schotterstraße Gordon River Road, *ancientforestalliance.org/ancient-forests/directions-to-avatar-grove/*

Unterkünfte:

- Mein Favorit sind die Seaside Cottages von Wild Renfrew, direkt am Bootsdock und Pub in Port Renfrew. Die Hütten liegen am Wasser und sind mit Küche, Kamin und Terrasse ausgestattet und kosten je nach Saison zwischen 259 CAD und 609 CAD pro Nacht; 17310 Parkinson Road, Tel.: +1 250 647 5541, *wildrenfrew.com/seaside-cottages*
- Einen einfachen, aber schönen Campground gibt es direkt hinter der Brücke über den San Juan River in Port Renfrew. Er wird von den Pacheedaht First Nations betrieben und man erkundigt sich am besten vor Ort über die Details; Deering Road, Tel.: +1 250 647 0090, *pacheedahtfirstnation.com/*

Website: *bcparks.ca/juan-de-fuca-park*

17. Bamfield: Mit dem Frachtschiff durch das Alberni Inlet

Es ist kurz vor acht am Hafen von Port Alberni. Arbeiter in Blaumännern laden mit einem Kran Fracht in den Schiffsbauch der „M.V. Frances Barkley“: Container, Bauholz, Zementsäcke, Propan, dazu Kisten mit Lebensmitteln, Briefen und Paketen. Irgendwann heult die Schiffssirene. Der frisch beladene Frachter legt ab zu seiner Fahrt durch die Wildnis.

Der Frachter legt im Hafen von Bamfield an.

Frachtschiffe wie die 36 Meter lange „M.V. Frances Barkley“ sind auf Vancouver Island überlebensnotwendig. Sie bringen Güter, Waren und Menschen bis in die entlegensten Küstendörfer fern der Zivilisation. Viele dieser Siedlungen haben keinen verlässlichen oder gar keinen Straßenanschluss und werden auf dem Wasser- oder Luftweg versorgt.

So auch am Alberni Inlet. Der 40 Kilometer lange Meeresarm reicht von Port Alberni im Landesinneren von Vancouver Island bis in den Küstenort Bamfield am Pazifik. Entlang des Fjords leben Aussteiger, Fischer und Holzfäller. Sie wohnen in Hausbooten, Pontonhäusern, Camps oder Siedlungen am Wasser. So mancher Sommerfrischler hat dort sein Ferienhaus.

Für Besucher wie du und ich wären diese Refugien normalerweise kaum zu erreichen. Doch wir haben Glück! Denn die „M.V. Frances Barkley“ ist mehr als ein nur Versorgungsschiff. Auch Tagesausflügler und Touristen dürfen mit an Bord. Für sie hat es auf dem 1958 gebauten Frachter eine Kombüse, zwei Passagierräume, dazu ein großzügiges Sonnendeck.

An Deck des Frachters lässt es sich wunderbar die vorbeiziehenden Landschaften bestaunen.

Es ist eine schöne Ausflugsfahrt durch die Natur. Zum Panorama der neunstündigen Tour von Port Alberni nach Bamfield und zurück gehören Fjorde, Wasserfälle, mystische Regenwälder, riesige Rotzedern mit Adlernestern, dazu Gewässer voller Delfine, Seelöwen, Otter und Wale. Als ich unterwegs war, habe ich sogar einen Schwarzbären am Ufer gesehen!

Mit rund zehn Knoten geht es eher gemächlich voran. Die Route führt vorbei an bewaldeten Uferstreifen, steilen Klippen, felsigen Inseln und unbewohnten Inselchen. Nach zwei Stunden erreicht das Schiff Kildonan, einen Weiler an einem Nebenarm des Alberni Inlet, in dem einmal bis zu 300 Menschen lebten. Die meisten arbeiteten in einer Fischverarbeitungsfabrik.

Heute ist das alte Fabrikgelände verwaist und verfallen. Nur ein paar Hausboote sind geblieben. Die „M.V. Frances Barkley" fährt von Steg zu Steg. Mal wirft die Crew Baumaterial ab, ein anderes Mal einen neuen Grill oder einen Rasenmäher. Sogar ein schwimmendes Postamt auf Pontons gibt es in Kildonan. Die Beamtin dort hat einen einsamen Job …

Gegen Mittag erreicht der Frachter am Barkley Sound schließlich Bamfield, die größte Siedlung an der Strecke. 200 Menschen leben dort, vor allem Fischer, Meeresforscher und Angehörige der Küstenwache. Hier hält das Schiff für eine Stunde. Tagesausflügler können einen kurzen Spaziergang über einen hölzernen Uferweg unternehmen oder sich im Dorfladen ein Eis holen.

In Bamfield wohnen 200 Menschen.

Wer mehr Zeit hat, der kann in Bamfield übernachten und später wieder zurückfahren. Das hübsche Dorf mit seinen bunten Häuschen lohnt einen Aufenthalt. Besucher können von dort aus Walbeobachtungstouren oder Angelausflüge unternehmen oder mit einem Kajak durch die Broken Islands Group paddeln, ein wildes Archipel von 100 Inseln und Inselchen.

Schön ist auch der 30-minütige Spaziergang zum Brady's Beach, einem wilden Strand, der an jene in Tofino erinnert. Nicht versäumen sollten Sie die Pachena Bay, eine sichelförmige Bucht mit einem Strand aus feinem, weißem Sand. In der Bay endet auch der West Coast Trail, Kanadas berühmtester Wildniswanderweg.

Einen besonderen Schatz bewahren die Angehörigen der Huu-ay-aht First Nation, die südlich von Bamfield leben. Auf einstündigen Wanderungen bringen indigene Guides Besucher zur versunkenen Siedlung Kiixin, eines der letzten traditionellen Dörfer der Ureinwohner auf Vancouver Island, in denen Reste von alten Langhäusern aus dem 19. Jahrhundert sichtbar sind.

INFO

Lage: Die Tagesfahrten der „M.V. Frances Barkley" beginnen am Hafen von Port Alberni. Von Victoria sind es mit dem Auto etwa 200 km dorthin, von Nanaimo 85 km. GPS: 49.235021, -124.81508.

Anfahrt: Von Victoria nehmen Sie den Trans-Kanada Highway bis Nanaimo, dort geht es auf den Highway 19. Hinter Parksville wechseln Sie auf den Highway 4 in Richtung Port Alberni. Kurz vor dem Ort geht es links auf den Port Alberni Highway, der Sie in das Zentrum führt. An der Kreuzung zur 10th Street biegen Sie links ab, bis Sie die Argyle Street erreichen. Dort geht es rechts. Am Ende der Argyle Street erreichen Sie den Hafen.

Öffnungszeiten: Die „M.V. Frances Barkley" verkehrt dreimal die Woche, und zwar dienstags, donnerstags und samstags. Abfahrt ist um 8 Uhr, Rückkehr um 17 Uhr; Lady Rose Marine Services, 5425 Argyle Street, Port Alberni, Tel.: +1 250 723 8313

Preise: 95 CAD für eine Hin- und Rückfahrt, 47,50 CAD für Kinder bis 15 Jahre

Aktivitäten:

- Kiixin Tours in Bamfield bietet in unregelmäßigen Abständen geführte Wanderungen zum versunkenen indigenen Dorf Kiixin an, Tel.: +1 250 735 3432, *kiixin.ca*

Unterkünfte:

- Der Pachena Bay Campground bietet Stellplätze zum Teil mit Strom. Der Platz wird von den Huu-ay-aht Ureinwohnern betrieben und liegt 5 km südlich von Bamfield, erreichbar auch mit dem Auto von Port Alberni über eine 90 km lange unbefestigte Straße, je nach Saison und Lage zwischen 40 und 79 CAD pro Nacht; 90 Anacla Reserve, Tel.: +1 250 728 1287, *pachenabaycampground.ca*
- Upnit Lodge, gemütliche Zimmer auf der Ostseite von Bamfield, je nach Saison zwischen 299 und 369 CAD; 211 Nuthatch Road, Tel.: +1 250 728 3231, *upnitlodge.ca*

Websites:

- *ladyrosemarine.com*
- *visitbamfield.ca*

18. Forbidden Plateau: Paradiesische Wanderung im Strathcona Park

Mitten im Herz von Vancouver Island liegt Strathcona, der älteste Park in British Columbia. Er schützt ein riesiges Wildnisgebiet, in dem sich auch der Golden Hinde befindet, der mit 2195 Metern höchste Gipfel auf Vancouver Island. Große Teile der subalpinen Schönheit des Parks sind allerdings nur für geübte Wanderer und Bergsteiger zugänglich – mit einer Ausnahme.

An der Ostgrenze des Parks liegt das Forbidden Plateau mit den Paradise Meadows – und der paradiesische Name ist Programm: Denn das locker bewaldete Hochplateau mit seinen schroffen Felsen, glitzernden Bergseen und idyllischen Wildwiesen eignet sich wunderbar für Tageswanderungen oder mehrtägige Ausflüge in die Wildnis. Das Beste dabei: Man kommt mit dem Auto hin.

Der Ausgangspunkt für alle Wanderungen zum Forbidden Plateau liegt am Ende des Strathcona Parkway, und schon die An- und Rückfahrt ist ein echtes Highlight. Denn die Bergstraße mit der Nummer 19A, die von der Ostseite Vancouver Islands über 19 Kilometer bis zum Skigebiet Mount Washington führt, steigt

Wanderweg am Forbidden Plateau

Der Kwai Lake im Strathcona Park

von Meereshöhe auf knapp 1100 Höhenmeter an. Unterwegs bieten sich Fahrern und Passagieren spektakuläre Ausblicke über die Straight of Georgia, die Meerenge zwischen Vancouver Island und dem Festland. Bei gutem Wetter kann man sogar die dahinterliegenden Coast Mountains mit ihren Gletschern und schneebedeckten Gipfeln erkennen.

Der Startpunkt für die Wanderungen ist der Paradise Meadows Trailhead, der ein paar Minuten hinter dem Skigebiet an der Raven Lodge liegt. Im Winter treffen sich an der Lodge bevorzugt die Langläufer zu ihren eisigen Runden über das Hochplateau. Im Sommer beginnen hier mehrere Rundtouren, für die man in keinen Sessellift steigen muss.

Meine bevorzugte Tagestour führt zum Kwai Lake Wilderness Campground und zurück. Bei der knapp 16 Kilometer langen Rundwanderung, für die man etwa fünf bis sechs Stunden einplanen sollte, hat man nur etwa 350 Höhenmeter zu bewältigen und es wird nie wirklich steil. Unterwegs erleben Sie einen tollen Querschnitt der rauen Schönheit des Parks.

Schon kurz nach dem Startpunkt erreichen Sie über einen Holzbohlenweg den Namensgeber, die subalpinen Paradise Meadows. Dabei handelt es sich um sumpfige Feuchtwiesen, die sich im Sommer in ein wahres Blütenmeer verwandeln. Im Herbst bestechen sie durch ihre rötlich-bräunlichen Farben, im Winter durch die höchsten Schneemengen auf Vancouver Island. Danach führt der Weg an einer ganzen Kette mit stillen Bergseen entlang. Es geht vorbei am Battleship Lake, dem Lady Lake, dem Croteau Lake und

Einer der vielen Seen im Strathcona Park

schließlich dem Kwai Lake. Manche der Seen haben kleine Felsinseln in ihrer Mitte, die noch nie jemand betreten hat. Manchmal entdeckt man einen einsamen Steg, einen Biberbau oder Spuren von Kojoten im Sand. Kurz vor dem Zeltplatz am Kwai Lake biegt ein provisorischer Trampelpfad nach rechts ab zum Nordufer des Sees. Dort steht eine wackelige Parkbank – der ideale Platz für die Mittagspause. Die Ruhe ist betörend und die Aussicht auf die Gipfel des Strathcona Park spektakulär. Danach folgt man dem Rundweg, der auf der anderen Seite des Sees zurück zum Parkplatz führt.

Selbst bei nebeligem oder feuchtem Wetter, das hier oben recht häufig vorkommt, übt das Hochplateau übrigens eine unvergleichliche Faszination aus. Die tief hängenden Schwaden sitzen dann zwischen den Bäumen, dem Himmel und der Erde, und die ganze Ebene verschwimmt zu einer mystischen Traumlandschaft – made in Canada.

INFO

Lage: Der Ausgangspunkt der Wanderungen liegt etwa 140 km nördlich von Nanaimo an der Raven Lodge am Ende des Strathcona Parkway. Mit dem Auto dauert die Fahrt etwa 90 Min. GPS: 49.7454894, -125.3202056.

Anfahrt: Von Nanaimo aus nehmen Sie den Island Highway Nummer 19 in Richtung Norden. Kurz hinter Courtenay verlassen Sie den Highway an der Ausfahrt 130 in Richtung Mount Washington Ski Resort. Von hier windet sich der Strathcona Parkway nach oben. Kurz vor dem Skigebiet biegt eine schmale Straße links zur Raven Lodge ab. Dieser folgen Sie bis zu Ende. Dort befindet sich ein Parkplatz und ein kleines Infozentrum.

Öffnungszeiten: Die beste Zeit zum Wandern ist in der Regel zwischen Anfang Juni und Ende September.

Eintritt: kostenlos

Aktivitäten:

- Wer nur wenig Zeit hat, kann das Forbidden Plateau auch auf einer kurzen Runde erkunden. Der Paradise Meadows Loop Trail beginnt am Parkplatz, ist nur 2,2 km lang und dauert etwa 45 Min. Über weite Strecken führt er über einen Holzweg und ist damit auch für Rollstuhlfahrer geeignet.
- Profis können von hier auch tief in das Hinterland des Strathcona Park vordringen, der mit 250.000 ha der größte Park auf Vancouver Island ist. Ein abenteuerlicher Weg führt etwa auf den 2093 m hohen Mount Albert Edward hinauf. Dafür sollte man sich allerdings 2 bis 3 Tage Zeit nehmen, trittsicher sein und ausreichend Wildniserfahrung mitbringen.

Unterkünfte: Auf dem Forbidden Plateau gibt es drei einfache Zeltplätze: am Lake Helen Mackenzie, am Kwai Lake und am Circlet Lake. Übernachtungen kosten 10 CAD pro Person und Nacht plus Reservierungsgebühr von 6 CAD. Reservierungen unter *camping.bcparks.ca/*

Website: *bcparks.ca/strathcona-park/forbidden-plateau-area*

19. Hot Springs Cove: Heisse Quellen an der Küste vor Tofino

Tofino ist ein Traum – und einer meiner Lieblingsorte in ganz Kanada. Das kleine Örtchen im äußersten Westen von Vancouver Island bietet Elementarerlebnisse par excellence. Denn hier prallen die stürmischen Wellen des Pazifiks mit voller Wucht an Land. Es gibt wilde Strände, mystische Regenwälder, tiefe Fjorde, Wale, Wölfe – das volle Programm.

Lange war das Fischerdorf am Ende der Straße ein Ort jenseits der Bildfläche. In Tofino lebten vorwiegend Aussteiger, Hippies, Surfer, Künstler, Ökos und Gestrandete aller Art. Das änderte sich, als die Regierung 1972 den kurvenreichen Highway 4, der die Insel Vancouver Island in Ost-West-Richtung überquert, asphaltierte und den Ort damit für Besucher erschloss. Seitdem platzt Tofino im Sommer aus allen Nähten, und man muss schon froh sein, wenn man zur Ferienzeit dort ein Bett oder einen Campingstellplatz bekommt. In der Zwischen- oder Nebensaison aber hat sich Tofino seinen Charme als ein Ort am Ende der Straße bewahrt, und die Natur rund um den geschützten Clayoquot Sound und den Pacific Rim National Park Reserve läuft zu ihrer Hochform auf.

Das Badehaus in der Hot Springs Cove

Der Weg zu den heißen Quellen führt durch den Regenwald.

Einen guten Eindruck von der ganzen Pracht bekommen Sie bei einem Tagesausflug mit dem Boot zur Hot Springs Cove, einer Bucht mit heißen Quellen mitten in der Wildnis des Clayoquot Sound. Schon die rund 90-minütige Fahrt dorthin ist atemberaubend. Oft sieht man Seeotter, Seelöwen, Weißkopfseeadler, mit etwas Glück auch Wale oder sogar Bären.

Einmal angekommen, führt ein rund zwei Kilometer langer Holzbohlenweg vom Bootsanleger zur Bucht mit ihren Wasserfällen und sieben heißen Pools, die schon von den Ureinwohnern genutzt wurden, lange bevor die europäischen Siedler die Gegend entdeckten. Der Weg führt mitten durch einen jener üppigen Regenwälder, für die Vancouver Island so berühmt ist. Der Wanderweg geht vorbei an riesigen alten Rotzedern, an Douglasien und Hemlocktannen. Die windgepeitschten Sitkafichten wachsen so nahe am Ufer, dass ihre Zweige das ganze Jahr über mit einer Schicht Salzwasser überzogen sind. Oft peitscht hier der Regen, und der Nebel ist dicht. Doch genau das macht die unvergleichliche Mystik der kanadischen Pazifikküste aus!

Nach rund 30 Minuten erreichen Sie die natürlichen Pools, die einer geothermischen Felsspalte entspringen, die tief in das Erdinnere hineinreicht. Über einen Wasserfall gelangt das im Schnitt 50 Grad heiße Wasser dann zu einer Serie von Felseinbuchtungen. In der ersten ist das Wasser noch brennend heiß. Es wird dann schrittweise kühler, je weiter es Richtung Meerwasser fließt.

Besonders erfrischend ist der Badestopp in der Wildnis im Herbst oder Winter, wenn stürmische Wellen kühles Meerwasser in die tiefer liegenden Pools spülen und die ganze Bucht im Nebel liegt. Dann sind an den Hot Springs meist nicht mehr als eine Handvoll Leute anzutreffen. Im Sommer dagegen kann es auch an diesem entlegenen Ort am Rande der Welt mitunter trubelig zugehen.

Ein Holzbohlenweg führt durch den Regenwald.

INFO

Lage: Die Hot Springs Cove liegt im Maquinna Provincial Park, etwa 27 nautische Meilen nordwestlich der Gemeinde Tofino. Mit dem Boot braucht man vom Hafen in Tofino etwa 90 Min., mit einem Wasserflugzeug 15 Min. Eine Straße zu den Quellen gibt es nicht. GPS: 49.3683298, -126.2723705.

Anfahrt: Nach Tofino gelangen Sie über den Trans-Canada Highway, der von Victoria nach Nanaimo führt. Hinter Nanaimo folgen Sie dem Küstenhighway 19 nach Norden und biegen kurz hinter Parksville an der Ausfahrt 60 auf den Highway 4 ab. Der bringt Sie auf einer schmalen Strecke direkt bis nach Tofino. Im Herbst und Winter fallen unterwegs oft Kaskaden von Regen, manchmal liegt Schnee. Zwischen Oktober und April sind Winterreifen oder Ketten Pflicht.

Öffnungszeiten: Die Hot Springs Cove ist ganzjährig geöffnet. Man kann mit seinem eigenen Boot hinkommen oder

Natürliche Badepools zwischen den Felsen

sich einer kommerziellen Bootstour ab Tofino anschließen. Auch Wasserflugzeuge fliegen die Bucht an.

Eintritt: Der Eintritt in den Maquinna Provincial Park kostet 3 CAD pro Person. Die Anlegegebühr für ein eigenes Boot kostet 2 CAD pro Meter und Nacht.

Aktivitäten:

- In Tofino bieten mehrere Veranstalter ganztägige Touren zur Hot Springs Cove an. Manchmal werden die Touren mit einem Walbesichtigungsprogramm kombiniert. Zu empfehlen sind unter anderem: Jamie's Whaling Station, 606 Campbell Street, Tel.: +1 250 725 3919, *jamies.com*, oder Adventure Tofino, 421 Main Street, Tel.: +1 250 725 2895, *adventuretofino.com*. Die Touren kosten je nach Anbieter und Jahreszeit rund 230 CAD pro Person und dauern 6 bis 7 Std. Man sollte Verpflegung und Badebekleidung mitbringen.
- Wer ein Wasserflugzeug chartern will, der wendet sich zum Beispiel an Atleo River Air, 50 Wingen Lane, Tel.: +1 250 725 2205, *atleoair.com*. Der Flug hin und zurück dauert jeweils 15 Minuten und kostet etwa 375 CAD pro Person.

Unterkünfte:

- Unweit der Anlegestelle zur Hot Springs Cove betreiben die Hesquiaht First Nations einen einfachen Zeltplatz, Reservierungen per Tel.: +1 778 269 4494

Webseite: *bcparks.ca/maquinna-marine-park*

20. Meares Island: Ground Zero der Waldschützer

Diese Fernsehbilder gingen um die Welt: Umweltschützer und Ureinwohner ketteten sich an Bäume, blockierten Straßen und stellten sich den Bulldozern der Holzkonzerne entgegen. Die Aktivisten widersetzten sich der Abholzung der jahrhundertealten Regenwälder in einem Kampf, den man in Kanada *„war of the woods"* nannte – Krieg in den Wäldern.

Auf dem Big Tree Trail

Vorsicht! Die Holzplanken können rutschig sein!

Ausgangspunkt der Protestwelle der achtziger und neunziger Jahre war eine kleine Insel vor Tofino mit dem Namen Meares Island. Dort plante man den Kahlschlag, bis die Demonstranten 1984 den Konzernen einen Strich durch die Rechnung machten und Meares Island und umliegende Regionen im Clayoquot Sound vor der radikalen Abholzung bewahrten.

Heute stehen wichtige Teile der zerklüfteten Küste unter Schutz, und auf Meares Island können Sie jene Bäume bewundern, die fast den Kettensägen zum Opfer gefallen wären. Dazu gehört etwa der Hanging Garden Tree, eine gigantische Rotzeder: Sie dürfte rund 1500 Jahre alt sein, misst einen Umfang von 18 Metern und gehört zu den größten und ältesten Bäumen in Kanada.

Hin kommt man mit einem Boot, Wassertaxi oder Kanu. Rund 15 Minuten dauert die Fahrt, die im Hafen von Tofino beginnt und an einem kleinen hölzernen Bootsanleger auf Meares Island endet. Dort beginnt der Big Tree Trail, ein atemberaubender Wanderweg, der über Bohlen aus Zedernholz und Stufen in 20 Minuten bis zum Hanging Garden Tree führt.

Es ist ein Trip für die Ewigkeit. Hier wird mir schon nach wenigen Schritten stets bewusst, wie mächtig die Natur ist, denn die Bäume auf Meares Island gehören zum größten noch erhaltenen Küstenregenwald der Erde und ragen turmhoch in den Himmel. Ihre Äste sind überwuchert mit Moosen und Flechten, ihre knorrigen Wurzeln ragen meterweit in den Waldboden hinein. Der Hanging Garden Tree ist wie viele der alten Rotzedern innen

Schon mal einen echten Mammutbaum umarmt?

hohl – sodass man locker in den Baum kriechen kann. Er besteht aus gleich mehreren Baumstämmen, aus deren Rinde überall Farne und Schlingpflanzen sprießen und deren Sprösslinge sich wie dicke und dünne Schlangen um den Stamm winden. Daher der Name des Baums: hängender Garten.

Die meisten Besucher kehren vom Hanging Garden Tree auf dem gleichen Weg zurück zum Steg. Wenn Sie ehrgeizig sind, dann können Sie sich von hier aus auf dem Big Tree Trail weitere zwei Stunden durch das Unterholz schlagen – auf einem anspruchsvollen, drei Kilometer langen Rundparcours durch den Regenwald, der Sie am Ende ebenfalls zurück zum Bootsanleger führt.

INFO

Lage: Meares Island liegt in einem Tribal Park der Ureinwohner östlich der Gemeinde Tofino im Clayoquot Sound. Mit dem Boot oder Wassertaxi braucht man vom Hafen in Tofino etwa 15 Min. dorthin. Eine Straße gibt es nicht. GPS: 49.1752746, -125.8390856.

Anfahrt: Den Hafen von Tofino erreichen Sie, wenn Sie der Hauptstraße Campbell Street durch das Dorf folgen, in der 4th Street rechts abbiegen und dann in die Main Street biegen.

Öffnungszeiten: Der Big Tree Trail auf Meares Island ist ganzjährig geöffnet.

Eintritt: kostenlos

Aktivitäten:

- In Tofino gibt es mehrere Anbieter, die einen mit dem Wassertaxi nach Meares Island bringen, zum Beispiel Tofino Water Taxi, 750 Campbell Street, Tel.: +1 250 725 8844, *tofinowatertaxi.com*. Der Transfer kostet pro Person 40 CAD.

Unterkünfte:

- Auf Meares Island gibt es einen Campingplatz mit 25 Zeltplätzen (55 CAD pro Zelt und Nacht) und eine Jugendherberge mit 30 Betten (35 CAD pro Bett oder 90 bis 120 CAD in einem eigenen Zimmer). Das Wassertaxi ab dem Hafen ist eingeschlossen. Achtung: Beide Unterkünfte liegen nicht am Ausgangsort für den Big Tree Trail. Dafür ist ein weiterer Transfer per Boot nötig; Tel.: +1 250 725 2169, *loneconetrail.ca*
- In Tofino selbst empfehle ich das Ocean Village Resort, das direkt am großartigen Mackenzie Beach liegt. Die Preise für die Beachhütten oder Studios variieren stark je nach Auslastung und Saison, 555 Hellesen Drive, Tel.: +1 250 725 3755, *oceanvillageresort.com*

21. Cormorant Island: Wo der Potlatch wieder auferstanden ist

Der Häuptling hat heute seinen großen Tag. Der junge Mann sitzt in einem prächtigen Langhaus auf seinem Holzthron, trägt eine Weste aus rotem Filz und hat sich eine Kopfbedeckung aus Hermelinpelz aufgesetzt. „Willkommen" ruft ein Zeremonienmeister in Englisch, dann in der Sprache der Kwakwaka'wakw, einem Volk, das an der Nordwestküste von British Columbia lebt.

Beißende Rauchschwaden ziehen durch den Raum, in einem Steinkreis auf dem sandigen Boden lodert ein mächtiges Feuer. Weitere Männer gesellen sich hinzu, greifen zu Schlagstöcken und hämmern damit auf einen Stamm aus Zedernholz. Als der Wirbel mächtiger und lauter wird, treten Frauen auf die Tanzfläche und drehen sich so schnell, bis sie in Trance sind.

Der junge Häuptling hat zu einem Potlatch geladen, einem Stammesfest, bei dem er die Würde als oberster Vertreter seines Volkes verliehen bekommt. Es ist der Höhepunkt des Jahres in Alert Bay, einer Gemeinde, deren indigener Teil auch unter dem Namen Yalis bekannt ist. Der Ort liegt auf Cormorant Island, einer kleinen Insel vor der Nordküste von Vancouver Island.

Im Langhaus von Alert Bay finden regelmäßig *potlatchs* statt.

Der 'Namgis Burial Ground

Cormorant Island ist berühmt für farbenprächtigen Feste der Ureinwohner, und ich schätze mich jedes Mal glücklich, wenn ich eine Einladung bekomme. Aber selbst wenn nicht gefeiert wird, lohnt sich ein Besuch. Denn in dem Ort gibt es eine der prächtigsten *potlatch*-Sammlungen der Welt zu sehen mit Reliquien und Zeremoniengegenständen, die bis zu 150 Jahre alt sind.

Potlatchs haben bei vielen Westküstenvölkern eine lange Tradition. Die Feste stärken ihre indigene Kultur und Familienbande, waren in Kanada aber lange verboten, weil die Regierung die Ureinwohner

Prächtige Masken aus Zedernholz im U'mista Cultural Centre

Der Potlatch ist in vollem Gange.

zwangsweise in die weiße Gesellschaft integrieren wollte. Das Verbot galt bis 1951, wurde aber oft umgangen, und viele Feiern fanden im Geheimen statt. Während dieser Zeit wurden viele Potlatch-Utensilien vom Staat beschlagnahmt und oftmals an Museen in aller Welt verscherbelt. Doch die Kwakwaka'wakw kämpften um ihre Kultur, und nach dem Ende des Verbots half der Staat, viele Gegenstände zurückzuholen. 120 davon sind im U'mista Cultural Centre zu sehen, einem kleinen Museum am Nordende der Insel.

Das Museum zeigt sie in der Reihenfolge ihres rituellen Gebrauchs, denn bis heute folgt jeder Potlatch einer strengen Liturgie, einem strengen Ablauf. Ganz zu Beginn der Ausstellung wird etwa ein geschnitzter Zeremonienstab gezeigt, der Rednern die Autorität verleiht, zu sprechen. Es folgen Masken der Häuptlinge, der Verstorbenen, der Festgäste. Auch Kupferschilder, Kopfbedeckungen oder Umhänge werden gezeigt. Sie alle sind kunstvoll geschnitzt, genäht, bestickt oder bemalt, mal mit übersinnlichen Wesen, mal mit Tieren wie Walen oder Bären. Der Anlass für ein Potlatch kann übrigens verschieden sein: ein neuer Häuptling, die Geburt eines Kindes, eine Hochzeit. In jedem Fall ist es stets ein großer Tag.

INFO

Lage: Cormorant Island liegt zwischen Vancouver Island und dem Festland von British Columbia, etwa 460 km nördlich von Victoria. Mit dem Auto und der Fähre dauert die Fahrt etwa 6 bis 7 Std., GPS: 50.5844855, -126.9254094.

Anfahrt: Von Victoria nehmen Sie den Trans-Canada Highway und den Highway 19 nach Norden bis Port McNeill. Von dort verkehrt sechs Mal am Tag eine Fähre von BC Ferries (*bcferries.com/schedules/northern*) nach Cormorant Island. Die Überfahrt dauert 45 Min. Nach dem Anlegen der Fähre biegen Sie gleich links in die Front Street ab. Von dort sind es nur etwa 1,2 km bis zum U'Mista Cultural Centre und dem Langhaus von Alert Bay. Die Insel ist so klein, dass Sie alle wichtigen Sehenswürdigkeiten zu Fuß erreichen können.

Öffnungszeiten: Der U'mista Cultural Centre hat im Sommer täglich zwischen 9 und 17 Uhr geöffnet, im Winter bleibt das Museum am Sonntag und Montag geschlossen. Geführte Touren werden nach telefonischer Voranmeldung angeboten; 1 Front Street, Tel.: +1 250 974 5403, *umista.ca*

Eintritt: 15 CAD für Erwachsene, 12 CAD für Rentner, 5 CAD für Kinder.

Aktivitäten:

- Im Juli und August treten im Langhaus von Cormorant Island indigene Tanzgruppen auf, die Vorstellungen finden samstags statt und zwar um 13 Uhr. Tickets werden im U'Mista Cultural Centre verkauft (30 CAD für Erwachsene, 15 CAD für Kinder). Das Langhaus ist nur ein paar Schritte vom Museum entfernt (Wood Street). Lohnend ist auch ein Blick auf den gigantischen Totempfahl direkt neben dem Langhaus. Mit 53 m gilt er als der zweithöchste der Welt! Ein paar Schritte südlich des Fähranlegers findet man weitere originale Totems auf dem 'Namgis Burial Ground (Fir Street).

22. SAN JOSEF BAY: EIN ORT WIE GESCHAFFEN FÜR ADAM UND EVA

Der Norden von Vancouver Island gilt selbst für kanadische Verhältnisse als dünn besiedelt, einsam und abgelegen. Viele Bewohner arbeiten in der Fischerei, in der Holzindustrie – oder sind arbeitslos. Die wenigen Besucher, die bis dorthin fahren, sind meist auf der Durchreise nach Port Hardy, denn von dort legen die Schiffe in die legendäre Inside Passage ab.

Doch für Liebhaber der Wildnis lohnt sich ein Stopp. Port Hardy ist der ideale Ausgangspunkt, um die isolierte und sturmgepeitschte Nordspitze von Vancouver Island zu erkunden. Man braucht dafür allerdings ein wenig Zeit, ein gutes Auto, gute Reifen, eine gute Trekking- oder Wander-Ausrüstung und eine gehörige Portion Abenteuerlust.

Die Felsformationen in der San Josef Bay

Cape Scott heißt der magische Ort im äußersten Nordwesten der Insel, der zu den schönsten auf Vancouver Island gehört. Die sensationellen Strände, die wilde Brandung und die nebelverhangenen Regenwälder sind per Wanderung zu erreichen und eine Wucht. Nur ein paar tausend Menschen im Jahr besuchen diese Gegend und Sie könnten einer davon sein ... Allerdings brauchen Sie dafür Stehvermögen. Denn die Anfahrt zum Ausgangspunkt ist nicht ganz ohne. Bevor es überhaupt losgeht, müssen Sie sich über eine 64 Kilometer lange, unbefestigte und von Schlaglöchern übersäte Forststraße schlagen und dabei immer wieder gigantischen *logging trucks* ausweichen. Ersatzreifen und viel Geduld sind hier Pflicht – doch Sie werden es nicht bereuen.

Hier teilt sich der Wanderweg: Nach rechts geht es zum Cape Scott, nach links zur San Josef Bay

Die Forststraße führt hinter Port Hardy zunächst an zwei Seen vorbei und erreicht nach knapp 50 Kilometern den Weiler Holberg. Die Siedlung wurde einst von Farmern aus Dänemark gegründet. Heute leben hier nur noch eine Handvoll Forstarbeiter und Rentner. Im rustikalen Scarlet Ibis Pub haben Sie die letzte Chance, sich mit Proviant einzudecken. Ein paar Kilometer hinter Holberg beginnt an einem Parkplatz der Cape Scott Trail. Der Wanderweg gehört zum gleichnamigen Provinzpark, denn die Region um das Kap ist seit 1973 großflächig geschützt. Dabei haben Sie zwei Optionen, wenn sich nach knapp einem Kilometer der Weg teilt.

Nach rechts geht es zum eigentlichen Kap mit seinem einsamen Leuchtturm. Wenn Sie diesen Streckenabschnitt in Angriff nehmen wollen, brauchen Sie ein Zelt, denn der Weg ist lang und beschwerlich. Er führt über 24 Kilometer über matschige Pisten und rutschige Holzbohlen und ist nur für erfahrene Wanderer geeignet. Die meisten nehmen sich drei Tage Zeit und campen an der Nels Bight, dem schönsten Strand im Park, manche sagen, in ganz British Columbia.

Mein Ratschlag ist, dort das Zelt aufzubauen und am nächsten Tag von dort ohne schweres Gepäck die letzten sechseinhalb Kilometer bis zum Kap zu wandern. Die Sonnenuntergänge an der Nels Bight gehören zum Besten, was Sie in Kanada erleben können. Der Strand allein ist 2,4 Kilometer lang und bei Ebbe über 200 Meter breit. Die Dünen sind atemberaubend.

Menschenleere Strände an der San Josef Bay

Tagesausflügler biegen an der Weggabelung nach links ab. Von dort erreichen Sie nach einer halben Stunde Spaziergang über einen breiten und flachen Weg durch den Regenwald die San Josef Bay, eine unbeschreiblich idyllische Bucht in der Wildnis mit einem breiten Sandstrand und bizarren Klippen und Felsformationen, die man allerdings nur bei Ebbe erkunden sollte. Wenn es einen Ort gibt, der dem Paradies nahekommt, dann ist er hier. Die Strände sind breit und ausladend, die dschungelartigen Wälder üppig, die Wolken am Himmel berauschend, geradezu betörend. Doch das Allerbeste ist: Sie haben dieses Paradies (fast) für sich allein. Wenn überhaupt, treffen Sie hier nur ein paar einsame Camper, Wanderer oder Hundegänger.

Als ich die San Josef Bay zum ersten Mal besucht habe, schien die Sonne und ich hatte das Gefühl, ich bin irgendwo weit weg auf einem anderen Planeten und das Universum gehört nur mir allein. Es hätte mich auch nicht gewundert, wenn hier Adam und Eva auf einmal aus dem Dickicht des Regenwalds getreten wären …

INFO

Lage: Der Cape Scott Provincial Park liegt knapp 70 km westlich von Port Hardy, der Wanderweg beginnt am Cape Scott/San Josef Bay Trailhead. GPS: 50.6854569, -128.2513337.

Anfahrt: Den Trailhead erreicht man von Port Hardy über die unbefestigte Forststraße NE 60. Der Abzweig liegt 2 km außerhalb von Port Hardy (Holberg Road, rechts abbiegen, gut beschildert). Der Parkplatz kommt nach 64 km am Ende der Straße.

Öffnungszeiten: Der Wanderweg ist das ganze Jahr geöffnet, eine Tour empfiehlt sich aber nur zwischen Mai und September. Das Klima im Park kann sehr rau, windig und regnerisch sein.

Eintritt: Der Eintritt ist frei. Die Campinggebühr beträgt 10 CAD pro Person und Nacht, plus eine Reservierungsgebühr von 6 CAD.

Aktivitäten:

- Die Wanderung zum Kap ist 23,6 km lang. Zum Strand Nels Bight sind es 16,8 km, zur San Josef Bay 2,5 km. Wegen der abgeschiedenen Lage und dem unvorhersehbaren Wetter sollten Sie gut ausgerüstet sein. In der Gegend leben Bären, Wölfe und Pumas. Vorfälle sind äußerst selten, informieren Sie sich aber über das richtige Verhalten in der Wildnis.
- Der Outfitter Cove Adventure Tours aus Port Hardy bietet geführte Tagestouren zur San Josef Bay an, inkl. Anfahrt mit einem kleinen Shuttle. Die Touren kosten 350 CAD pro Person; Port Hardy, Tel.: +1 250 230 4575, *coveadventuretours.com*

Unterkünfte: Am Cape Scott Trail und an der San Josef Bay gibt es einfache Zeltplätze mit Plumpsklo und bärensicheren Containern. Den Campingpass kann man online kaufen: *camping.bcparks.ca*

Website: *bcparks.ca/cape-scott-park*

Die Pazifikküste

Kermodebären leben an der Küste und haben ein helles Fell.

Die Pazifikküste

23. Knight Inlet: Wo die Grizzlybären Fische fangen
24. Broughton Archipelago: Paradies für Segler, Paddler und Walbeobachter
25. Powell River: In diesem Städtchen schlägt das Herz der Sunshine Coast
26. Klemtu: Zu den mystischen Geisterbären des Great Bear Rainforest
27. SGangGwaay: An diesem Ort auf Haida Gwaii hat die Welt einmal begonnen
28. Naikoon Provincial Park: Strandwanderung zum Wrack der Pesuta
29. Freedom Road: Abenteuerliche Autofahrt an die Pazifikküste von Bella Coola

Naukati Bay
USA
Stewart
Kasaan
Craig
Kitsault
37
Kotsine
12 Mile
Babine
Babine
Ketchikan
Niblack
Rosswood
Skeena
Middle River
Telkwa
Babine Lake
Lax Kw'alaams
Stuart Lake
Gitaus
16
Houston
Topley
Prince Rupert
Endako
16
Masset
28
Port Essington
Kitimat
KANADA
Port Clements
Nechako Reservoir
Nechako
Tlell
Hartley Bay
Kemano
Daajing Giids
BRITISH COLUMBIA
Surf Inlet
26
29
27
Ocean Falls
Bella Coola
Anahim Lake
Rose Harbour
Kleena Kleene
Namu
Graham Island
Wadhams
Tatlayoko Lake
24
23
Port Hardy
Holberg
Port McNeill
Pazifischer Ozean
Port Alice
25
Campbell River
Kyuquot
Tahsis
Courtenay
Vancouver Island
19
Nanaimo
Esowista
Bamfield
Neah Bay
Forks
0
200 km

23. Knight Inlet: Wo die Grizzlybären Fische fangen

Auf einmal tauchen drei dunkle Punkte im Blickfeld auf. Sie sehen aus wie Stecknadelköpfe im grünen Wasser und schwimmen mit gleichmäßiger Geschwindigkeit auf das Aluminium-Boot zu. Sie kommen immer näher, und bald erkennt man im Fernglas aufrechte Ohren, langgezogene Schnauzen und dunkelbraune, zottelige Pelze.

Es sind Grizzlybären, die Könige der Küste. Die drei Bären halten an einer Sandbank inne und tauchen kurz unter. Als sie wieder hochkommen, halten sie zwischen ihren mächtigen Tatzen ein paar zappelnde Fische und beißen herzhaft zu. Sie sind nicht etwa

scharf auf das Fleisch, nein, sie wollen nur das Allerbeste: die Lachseier! Was für Feinschmecker sie doch sind!

Angerichtet ist das Buffet in Glendale Cove, einer verwunschenen Bucht an der zerklüfteten Westküste von British Columbia. Ich finde, es ist der beste Ort in Kanada, um Bären beim Fischfang zu beobachten, denn dort gibt es so viele Grizzlys auf einer so dichten Fläche wie an nur wenigen Orten. 60 bis 70 Tiere tummeln sich dort im Spätsommer und Herbst.

Allerdings gibt es keine Straße nach Glendale Cove, man kommt also nicht ganz leicht hin. Denn die Bucht gehört zum Knight Inlet, einem Fjord, der mit 125 Kilometern Länge zu den größten in British Columbia gehört. Besucher haben zwei Möglichkeiten: Sie

Die Knight Inlet Lodge schwimmt auf Pontons.

Der Blick von der Aussichtsplattform

Leckerer Lachs!

nehmen eine Tagestour von Telegraph Cove oder übernachten in der Knight Inlet Lodge. Bei der Knight Inlet Lodge handelt es sich um ein schwimmendes Fly-In-Hotel mit 18 Zimmern, das unweit der Bucht von Glendale Cove auf Pontons schwimmt. Es liegt in etwa in der Mitte des Inlets und kann in 25 Minuten per Charterflug von Campbell River auf Vancouver Island erreicht werden. Das Ganze ist nicht ganz billig, doch die Bären sind sensationell …

Warum ist Glendale Cove so einmalig? Dafür sorgt die Natur. Ab etwa Ende August wandern nämlich Hunderttausende Lachse durch den Fjord und die Bucht in den Glendale River hinein bis zu einer alten Wehr, wo sie ihre Eier ablaichen. Das Wasser dort ist so flach und die Lachse sind so üppig, dass sich die Grizzlys nur noch bedienen müssen. Für die Bären ist es ein wahres Schlaraffenland und für die Menschen eine tolle Gelegenheit, den Tieren nahe zu kommen, ohne sie beim Mahl zu stören. Denn entlang des Wehrs wurden drei Aussichtsplattformen errichtet. Auf denen kann man oft bis zu 10 oder 15 Tiere gleichzeitig beobachten. Zum Fotografieren braucht man nicht einmal ein Teleobjektiv! Damit sich Menschen und Bären dabei nicht in die Quere kommen, gibt es in Glendale Cove strenge Regeln: Auf den Aussichtsplattformen finden höchstens sechs Personen gleichzeitig Platz. Essen, Getränke oder Parfüms sind tabu, um die Tiere nicht anzulocken. Gesprochen wird im Flüsterton, oder, besser noch, man schweigt. Sprachlos ist man ohnehin.

INFO

Lage: Glendale Cove liegt im Knight Inlet auf der Festlandseite von British Columbia, etwa 60 km von der Mündung des Fjords entfernt. Die nächsten größeren Ortschaften sind Campbell River und Telegraph Cove auf Vancouver Island. GPS: 50.675388, -125.717102.

Anfahrt: Mit dem Auto fahren Sie von Victoria auf Vancouver Island über den Trans-Canada Highway und den Highway 19 Richtung Norden. Nach Campbell River sind es etwa 270 km, dort steigt man dann in die Wasserflugzeuge der Knight Inlet Lodge um. Nach Telegraph Cove sind es 470 km, dort werden Tagestouren mit dem Boot angeboten.

Öffnungszeiten: Nach Glendale Cove kann man das ganze Jahr über reisen, man hat stets eine gute Chance, Grizzlybären zu sehen. Die Hochsaison jedoch ist von Ende August bis Oktober.

Aktivitäten: Tide Rip Adventures bietet Tagesausflüge in das Knight Inlet an. Die Ziele variieren, je nachdem, wo es die meisten Bären zu sehen gibt. Die Bootstouren starten um 7 Uhr in Telegraph Cove und kehren um 16 Uhr zurück. Preis pro Person inkl. Getränke zwischen 400 und 450 CAD. Früh buchen! Telegraph Cove, Tel.: +1 250 928 3090, *grizzlycanada.com*

Unterkünfte: Die Knight Inlet Lodge wird von den First Nations betrieben und bietet Komplettpakete inkl. Übernachtung, Vollpension, geführten Grizzly-Touren, Bootsausflügen, Kajaktouren und Flugtransfer ab Campbell River. Preise variieren stark je nach Saison. Tel.: +1 250 337 1953, *grizzlytours.com*

24. Broughton Archipelago: Paradies für Segler, Paddler und Walbeobachter

Die Inselwelten und Küsten zwischen Vancouver Island und dem Festland von British Columbia sind ein wahres Wunderland der Natur mit üppig grünen Regenwäldern, gletschergespeisten Flüssen und Fjorden voller dicker Fische. Die Lachse, Robben, Seelöwen, Küstenwölfe und Bären sind so fett und die Wale und Delfine so zahlreich wie an nur wenigen Orten in Kanada.

Küstenstreifen im Broughton Archipelago

Besonders gilt das für die vielen Inseln und Inselchen in den Gewässern nordöstlich von Vancouver Island. Diese werden auch Broughton Archipelago genannt und gelten als Paradies für Segler, Angler und Paddler aus aller Welt. Schon mal stundenlang mit dem Boot oder Kajak inmitten zweier Gruppen von Orcas ausgeharrt? Nein? Dann nichts wie hin!

Zentrum und logistische Basis des Archipels ist das schwimmende Dorf Sullivan Bay, das auf dem Wasser erreichbar ist. Bootfahrer finden dort eine Marina mit Anlegeplätzen, Unterkünfte, ein Restaurant, einen Lebensmittelladen, einen Getränkeshop, Duschen, eine Waschküche, eine Tankstelle und sogar einen Landeplatz für Helikopter und Wasserflugzeuge.

Seehund

Wer kein eigenes Boot hat, für den bieten sich die hübsche Boardwalk-Community Telegraph Cove auf Vancouver Island oder die luxuriöse Fly-In-Lodge Nimmo Bay als Ausgangspunkte für Ausflüge in die zerklüfteten Küstenregionen an. Einige der Inseln werden seit 1992 von einem eigenen Meerespark geschützt, dem größten seiner Art in British Columbia.

Ich kenne keinen anderen Ort, an dem man Orca-Walen so nahekommen kann wie dort. Bis zu 200 Tiere tummeln sich in den Gewässern des Archipels zwischen Juni und September. Manche Orcas leben das ganze Jahr dort, andere stoppen in der Region auf ihrer saisonalen Wanderung, um sich den Bauch mit Lachsen vollzuschlagen. Auch Buckelwale sind nicht selten. Die Gewässer sind so üppig mit Nahrung bestückt, dass die Wale viel Zeit haben für soziale Aktivitäten: Sie spielen miteinander, verfolgen neugierig die Spuren der Boote, schlagen mit ihren Schwanzflossen auf die Wasseroberfläche, und manchmal springen sie mit ihrem Körper gar aus dem Wasser heraus – und tauchen dann mit einem riesigen Platsch wieder ein.

Orca-Wale in den Gewässern zwischen Vancouver Island und Festland

Der Hafen von Telegraph Cove

INFO

Lage: Das Broughton Archipelago besteht aus Dutzenden Inseln und Inselchen in der Queen Charlotte Strait, dem Meeresarm zwischen dem nördlichen Vancouver Island und dem Festland. Erreichbar sind die Inseln per Boot oder Kajak. Zur Marina Sullivan Bay fliegen auch Wasserflugzeuge von Seattle oder Campbell River. GPS: 50.885276, -126.825914.

Anfahrt:

- Das schwimmende Dorf Sullivan Bay kann mit dem Boot oder zum Beispiel mit Northwest Seaplanes oder Vancouver Island Air angeflogen werden, *nwseaplanes.com*, *vancouverislandair.com*
- Telegraph Cove erreichen Sie mit dem Auto von Victoria in etwa 6 Std. über die Highways 1 und 19. Wer in der Fly-In-Lodge Nimmo Bay übernachten will, der fährt den Highway 19 noch 30 Min. weiter bis nach Port Hardy. Gäste der Lodge werden dort mit Wasserflugzeugen oder Hubschraubern abgeholt.

Öffnungszeiten: Die Boot-Tankstelle in Sullivan Bay hat das ganze Jahr über geöffnet, die anderen Dienstleister nur in den Sommermonaten. Auch die Anbieter in Telegraph Cove und die Lodge in Nimmo Bay haben in den Wintermonaten geschlossen.

Aktivitäten:

- Geführte Kajaktouren und Expeditionen ab Telegraph Cove bietet North Island Kayak. Eine Tagestour zu den Orcas ist für 199 CAD zu buchen. Eine sechstägige Kajak-Expedition mit Camping kostet 2199 CAD; Boat Ramp, Telegraph Cove, Tel.: +1 250 383 4884, *kayakbc.ca*
- Walbeobachtungstouren mit dem Aluboot ab Telegraph Cove bietet zwischen Mai und Oktober Prince of Whales Tours. Eine Halbtagestour kostet 159 CAD; 24 Boardwalk, Telegraph Cove, Tel.: +1 250 383 4884, *princeofwhales.com/telegraph-cove-whale-watching*

Unterkünfte:

- Ein Ankerplatz in Sullivan Bay kostet 1,95 CAD pro Fuß Bootslänge und Nacht. Dazu kommt der Stromanschluss, der zwischen 21,50 und 55,75 CAD kostet; Sullivan Bay Marina, Tel.: +1 604 484 9193, *northislandmarina.com/portfolio-view/sullivanbay/*
- Telegraph Cove Resorts unterhält Unterkünfte in historischen Cottages, aber auch moderne Ferienwohnungen, in der Hauptsaison kosten diese zwischen 230 und 450 CAD die Nacht; Telegraph Cove, Tel.: +1 250 928 3131, *telegraphcoveresort.com*
- Atemberaubend ist die Fly-In-Lodge Nimmo Bay. Das Resort besteht aus 9 Hütten auf Pontons, die mit bis zu 4 Personen belegt werden können. Der Service und die Ausstattung sind luxuriös, inkl. Frühstück am Bett und täglichem Wäscheservice. Das Abendessen hat Spitzenniveau, ebenso toll sind der Spa, die hot tub und die Bar. Die Tagesausflüge zum Angeln oder Wale-Beobachten sind persönlich gehalten und gehören zum Besten, was man in Kanada buchen kann. Aufenthalte sind ab 2700 CAD pro Person und Nacht zu haben, inkl. Vollpension, aller Getränke und Anreise ab Port Hardy. Geboten werden auch Angeltouren per Helikopter; Little Nimmo Bay, Tel.: +1 250 956 4000, *nimmobay.com*
- Auf den Inseln, die zum Schutzgebiet Broughton Archipelago Provincial Park gehören, darf man umsonst campen.

Website: *bcparks.ca/broughton-archipelago-park*

25. Powell River: In diesem Städtchen schlägt das Herz der Sunshine Coast

Zugegeben: Der erste Blick schreckt ab. Die hässliche Zellstofffabrik am Hafen von Powell River ist nun wahrlich kein Augenschmaus. Schon vom Deck der Fähre ist das Industriegebäude mit seinem riesigen Schornstein nicht zu übersehen, und fast wäre man geneigt, den Ort nach dem Anlegen am Dock gleich links liegen zu lassen. Doch Stopp, nicht ganz so schnell!

Powell River erschließt sich erst auf den zweiten Blick, und es lohnt sich, diese Zeit zu investieren. Denn im Industriestädtchen am Wasser schlägt das Herz der Sunshine Coast, einem rund 150 Kilometer langen, sonnenverwöhnten Küstenabschnitt nördlich von Vancouver, in dem viele Einheimische und Promis ihre Wochenendhäuschen besitzen.

Obwohl am Festland gelegen, erreicht man die Sunshine Coast nur mit der Fähre – entweder von Horseshoe Bay nahe Vancouver oder von Comox auf Vancouver Island. Für viele Städter gilt die Region

Powell River, links die Zellstofffabrik

wegen ihres milden Klimas, ihrer breiten Sandstränden, stillen Lagunen und idyllischen Fjorden als riesige Spielwiese, die sich auch gut mit Boot oder Kajak erkunden lässt.

Auch in Powell River sind Outdoor-Liebhabern keine Grenzen gesetzt. Zum Beispiel auf dem Sunshine Coast Trail, einem 180 Kilometer langen Hütten-Wanderweg, von dessen Anhöhen man spektakuläre Blicke auf die Küste hat. Oder im Desolation Sound, einem mystischen Fjord, in dem einst Kapitän George Vancouver ankerte. Oder auf Savary Island, dessen Strände mich an Hawaii erinnern.

Aber auch der Ort an sich ist einen Ausflug wert – und das hat wiederum mit der Fabrik zu tun. Denn Powell River galt einst als Zentrum der Papierindustrie, einem der wichtigsten Wirtschaftszweige in British Columbia. Die Zellstofffabrik selbst war einmal die größte der Welt, und jede 25. Zeitung weltweit wurde seinerzeit auf Papier aus Powell River gedruckt. Heute ist das zwar längst Vergangenheit, doch im historischen Stadtkern aus dem frühen 20. Jahrhundert kann man die Größe von einst noch erahnen. Das Viertel rund um die Fabrik besteht aus 400 Gebäuden,

Kinospaß im Patricia Theatre

wurde planmäßig angelegt und steht heute unter Denkmalschutz als herausragendes Beispiel der frühen Industriegeschichte von British Columbia.

Ein Spaziergang lohnt: Sehenswert sind die prächtigen Villen rund um den Triangle Garden, in dem einst die Manager der Fabrik wohnten. In der Dwight Hall ein paar Schritte weiter wurden in den Goldenen Zwanzigern prächtige Bälle abgehalten. Das Patricia Theatre, das älteste ohne Unterbrechung bestehende Kino in Kanada, zeigt bis heute alte und neue Kassenschlager.

Bemerkenswert ist auch das Provincial Building in der Walnut Street. In dem prächtigen Fachwerkbau befand sich einst das Gefängnis und der Gerichtssaal der Stadt. Heute ist es zu einem hübschen Hotel ausgebaut. Die acht Zimmer sind voller Antiquitäten und Sammlerstücke und tragen Namen wie „Sherrif's Office", „Police Station" oder „Judge's Chamber". Im Erdgeschoss des Gebäudes, das heute den Namen Old Courthouse Inn

Das Old Courthouse Inn

trägt, betreiben die Eigentümer Kelly und JP in historischen Räumen das Edie Rae's Café. Das Café im Retro-Stil ist für seine ausgezeichneten Egg Benedict und die besten Tapas an der Sunshine Coast bekannt. Der Blick auf die rauchenden Schornsteine wird da schon fast zur Nebensache.

INFO

Lage: Powell River liegt etwa 170 km nördlich von Vancouver am Küstenhighway 101. Die Fahrt von Vancouver dauert etwa 5 Std. GPS: 49.8352352, -124.5247061.

Anfahrt: Vom Zentrum Vancouvers nehmen Sie den Sea-to-Sky Highway 99 über die Lion's Gate Bridge nach Norden. Nach 30 Min. geht es an der Ausfahrt Nummer 3 zum Fährterminal in Horseshoe Bay. Hier nehmen Sie die Fähre nach Langdale, zum südlichen Ende der Sunshine Coast. Danach fahren Sie immer auf dem Sunshine Coast Highway an der Küste entlang über die Badeorte Gibsons, Sechelt, Halfmoon Bay bis zum Fährterminal nach Earl's Cove. Dort geht eine weitere Fährfahrt nach Saltery Bay. Dort angekommen sind es noch 30 km bis Powell River. Eine Alternativroute von Norden führt über Comox auf Vancouver Island. Fährzeiten und Tarife: *bcferries.com/schedules/mainland/index.html*

Aktivitäten:

- Einen Überblick über das historische Stadtviertel von Powell River bekommt man auf der Website *tourism-powellriver.ca/*
- Im Qathet Museum erfährt man Interssantes über den Ort und seine Geschichte. Es hat im Sommer von 10 bis 15 Uhr geöffnet, sonntags und montags geschlossen, der Eintritt ist frei; 4790 Marine Avenue, Tel.: +1 604 485 2222, *qathetmuseum.ca*
- Wer den Sunshine Coast Trail anpacken will, findet alle Informationen auf der Website *sunshinecoasttrail.com*

Unterkünfte: Das Old Courthouse Inn bietet Zimmer inkl. Frühstück zwischen 170 und 200 CAD; 6243 Walnut Street, Tel.: +1 604 483 4000, *oldcourthouseinn.ca*

26. Klemtu: Zu den mystischen Geisterbären des Great Bear Rainforest

Sie gehören zu den seltensten Säugetieren in Kanada, vielleicht sogar auf der ganzen Welt. Sie haben ein faszinierendes Äußeres, wie es die Natur nur selten hervorgebracht hat. Für die Ureinwohner haben sie eine mystische, ja spirituelle Bedeutung. Die Rede ist von Kermodebären, die umgangssprachlich auch gerne Geisterbären genannt werden.

Sehr seltene Tiere: Kermodebären

Biologisch sind Kermodebären eine Unterart des amerikanischen Schwarzbären, doch einige von ihnen weisen eine ganz seltene Eigenheit auf, die man so nur an der Westküste Kanadas findet: Aufgrund einer Genmutation tragen sie nicht etwa ein schwarzes oder bräunliches Fell wie ihre Artgenossen. Vielmehr ist ihr Fell weiß, manchmal beige.

Nur etwa 200 dieser seltenen Tiere gibt es, und wer sie sehen will, der muss eine lange Reise auf sich nehmen. Denn Kermodebären kommen nur in einer einzigen Region vor: auf ein paar geografisch isolierten Inseln im Great Bear Rainforest, einem entlegenen und unendlich einsamen Wildnisgebiet an der zerklüfteten Nordküste von British Columbia.

Hauptsächlich Ureinwohner leben im Great Bear Rainforest, in kleinen Siedlungen ohne Straßenanschluss wie Bella Bella, Namu oder Klemtu. Die meisten Bewohner leben von der Jagd, dem Fischfang oder der Holzwirtschaft. Einige von ihnen haben sich auf den Ökotourismus spezialisiert, auch auf Touren in die Heimat der magischen Geisterbären.

Zentrum des Bärentourismus ist Klemtu, eine 450-Seelen-Gemeinde der Kitasoo-Xai'Xais First Nations auf Swindle Island. Für die Ureinwohner von Klemtu sind die Geisterbären heilige Tiere. Sie glauben, dass der große Schöpfer „Tatau" die weißen Bären einst geschaffen hat, um die Menschen daran zu erinnern, dass die Region einmal mit riesigen Gletschern bedeckt war.

Kunstvoll geschnitzte Eingangstür am Langhaus von Klemtu

Das Langhaus von Klemtu

Im Ort Klemtu betreiben die Kitasoo-Xai'Xais die Spirit Bear Lodge. Das kleine Hotel, das im Stil der Nordwestküstenvölker aus kunstvoll verarbeitetem Holz gebaut wurde, ist der perfekte Ausgangspunkt für Touren zu den Kermodebären. Indigene Guides bringen Besucher von dort in ihren kleinen Alubooten mitten in die Wunderwelt des Great Bear Rainforest. Ziel der mehrstündigen Fahrt sind die Inseln Gribbell und Princess Royal weiter nördlich. Nirgendwo haben Sie eine so gute Chance, den geheimnisvollen Bären zu begegnen wie dort. Auf dem Weg durch die Meeresarme und Fjorde begleiten Sie Wale, Delfine, Seeotter und Seelöwen. Mit Glück können Sie am Ufer auch Grizzlies, Wölfe oder Schwarzbären beobachten.

An einer Holzplattform an einem Fluss macht das Boot schließlich Halt. Hier heißt es dann warten, warten und nochmals warten. Stundenlang, manchmal tagelang. Doch oft zahlt sich die Geduld aus. Wenn aus dem Nebel plötzlich ein weißer Punkt auftaucht, dann ist das Glück der Besucher vollkommen. Ein echter Geisterbär. Ein Moment für die Ewigkeit.

Mit dem Boot geht es in die Inselwelt vor Klemtu.

INFO

Lage: Klemtu liegt etwa 700 km nordwestlich von Vancouver. Einen Straßenanschluss gibt es nicht. Die Anreise erfolgt per Flugzeug, Wassertaxi und/oder Fähre meist über das Örtchen Bella Bella. GPS: 52.5936331, -128.5241004.

Anfahrt: Wer in Eigenregie anreist, der nimmt vom South Terminal in Vancouver zunächst einen Regionalflug nach Bella Bella. Anschlussflüge nach Klemtu werden mit einem Wasserflugzeug durchgeführt. Flüge bietet Pacific Coastal Airlines (*pacificcoastal.com*). Alternativ können Sie eine Überfahrt mit BC Ferries (*bcferries.com/schedules*) von Port Hardy oder Prince Rupert nach Bella Bella oder Klemtu in Erwägung ziehen. Von Bella Bella gibt es ein Wassertaxi nach Klemtu. Wer in der Spirit Bear Lodge ein Bärenbesichtigungsprogramm bucht, wird in Bella Bella abgeholt.

Aktivitäten: Die beste Reisezeit ist zwischen Juni und Oktober. Wer eine Chance haben will, die sehr seltenen Geisterbären zu sehen, sollte die Monate August, September oder Oktober wählen. Die besten Aussischten haben Sie während der Lachssaison, wenn die Bären an die Flüsse ziehen, um dort Fische zu fangen. Wegen des isolierten und entlegenen Lebensraums der Tiere ist es schwer, eine Reise zu den Geisterbären auf eigene Faust zu unternehmen. Am besten buchen Sie eine Pauschalreise bei einem Ökotourismusanbieter. Zum Beispiel über die Spirit Bear Lodge ab Vancouver (siehe unten), oder Tim Irvin Tours ab Prince Rupert (Tel.: +1 613 915 8083, *timirvin.com*). Die Preise für Pauschalpakete variieren stark und sollten direkt bei den Anbietern erfragt werden.

Unterkünfte: Die Spirit Bear Lodge in Klemtu hat 12 Doppelzimmer mit privatem Bad und ist im Stil eines traditionellen Langhauses gebaut. Im Sommer werden die Zimmer nur im Rahmen von Bärenbesichtigungsprogrammen vermietet. Angeboten werden Aufenthalte mit 4 bis 6 Übernachtungen. Die Pauschalpakete sind stets inkl. Vollpension, geführten Touren und Anreise ab Vancouver; Tel.: +1 250 339 5644, *explore@spiritbear.com*, *spiritbear.com*

27. SGangGwaay: An diesem Ort auf Haida Gwaii hat die Welt einmal begonnen

Eine kleine Insel im Pazifischen Ozean ist nach dem Glauben der Haida-Ureinwohner der Ort, wo die Schöpfung begann. SGangGwaay ist ihr Name, in der Sprache der Haida heißt das frei übersetzt: „Wo der Wind heult". Dieser Titel ist kein Zufall, denn die Insel ist ein einsamer, stürmischer und zugleich geheimnisvoller Ort und ein Muss für eingefleischte Kanada-Fans.

SGangGwaay liegt abgelegen vor der Westküste von British Columbia und ist Teil eines Archipels mit dem Namen Haida Gwaii. Auf alten Landkarten wird das Archipel, das aus rund 150 Inseln besteht, häufig als Queen Charlotte Islands beschrieben. In Anerkennung ihrer zumeist indigenen Bewohner wurden die Inseln vor ein paar Jahren umbenannt.

Ganz im Süden des Archipels findet man SGangGwaay, einen meiner Lieblingsorte in ganz Kanada. Die einsame Insel, die früher Anthony Island hieß, ist nur per Wasserflugzeug oder Boot zu erreichen. Sie liegt etwa 120 Kilometer westlich von Prince Rupert oder

Giganten im Regenwald: Totempfähle auf SGangGwaay

800 Kilometer nördlich von Vancouver. Man erreicht sie am besten im Rahmen einer geführten Bootstour.

An den historischen Totempfählen nagt der Zahn der Zeit.

Die lange Anreise lohnt sich. Denn SGangGwaay beherbergt einen einmaligen historischen Schatz. Hier, fern der Zivilisation, haben rund zwei Dutzend originale Totempfähle der Haida aus Zedernholz die Zeit überdauert. Sie wurden vor rund 150 Jahren zu Ehren verstorbener Häuptlinge errichtet und gehören heute zum Weltkulturerbe. Manche der Totempfähle stehen aufrecht im Gras, manche neigen sich schon gefährlich zur Seite, einige sind schon umgefallen. Sie zeigen traditionelle Familien- und Clanwappen der Haida: Adler, Raben oder Bären und gehören zu den wenigen originalen Totempfählen ihrer Art, die nicht in Museen in alle Welt verschleppt wurden.

Die Totems waren Teil eines Dorfes, in dem einmal 300 Haida-Familien gelebt hatten. Geblieben sind Ruinen und Fundamente von alten Langhäusern. Manche der archäologischen Stätten sind bis zu 10.000 Jahre alt. Heute ist das Dorf unbewohnt. Nur eine kleine Wachhütte steht einsam im Wald mit zwei Zimmern, einem Plumpsklo und einem Generator. In der Hütte lebt im Sommer ein Wachmann der Haida, ein sogenannter *watchman*. Er oder sie beschützt die fragilen Artefakte der Vorfahren und passt auf, dass sie nicht von Trophäenjägern gestohlen oder zerstört werden. Diese Aufgabe nehmen die Haida sehr ernst, denn so wollen sie die letzten Reste ihrer uralten Kulturgüter erhalten.

Auf kleinen Touren führen die Wachleute Besucher über die Insel und erzählen die Geschichte ihres Volkes: Die Haida gehören zu den ältesten sesshaften Völkern der Welt. Sie waren mutige Krieger, erfahrene Fischer und Jäger. Bis zur Ankunft der Europäer im 18. Jahrhundert wohnten zwischen 10.000 und 30.000 Haida auf

Die Ruinen eines alten Wohnhauses der Haida

dem Archipel, verteilt auf etwa 20 Dörfer. Doch der Kontakt zu den Europäern hatte tödliche Folgen: Viele Haida steckten sich mit den Pocken an, und innerhalb kurzer Zeit waren fast alle gestorben. Anfang des 20. Jahrhunderts lebten nur noch etwa 600 Haida auf den Inseln. Heute sind es wieder 2500, die in zwei verbliebenen Dörfern wohnen: Masset und Skidegate, beide in Nordteil des Archipels.

Die Südhälfte inklusive SGangGwaay ist praktisch unbewohnt und steht unter Schutz. Hier haben die Haida in Kooperation mit der Regierung den Nationalpark Gwaii Haanas („Inseln der Schönheit") geschaffen. Der schützt die rund 600 archäologischen Stätten und auch seltene Tiere und Pflanzen, die sich oftmals von den Spezies auf dem Festland unterscheiden. Besucher können auf Bootsfahrten nach SGangGwaay mit etwas Glück nicht nur prächtige Weißkopfseeadler, Robben oder Buckelwale beobachten. Sondern auch eine einmalige Unterart des Schwarzbären, den besonders großen Ursus americane carlottae. Kein Wunder sind die Inseln nach dem Glauben der Haida der Ort, an dem die Welt einst geschaffen wurde!

Viele Totempfähle der Haida haben auf ihrer Spitze geschnitzte Wachleute sitzen

INFO

Lage: Die Insel SGangGwaay liegt dem pazifischen Ozean zugewandt im Houston Stewart Channel auf Haida Gwaii und ist Teil des Gwaii Haanas National Park. GPS: 52.098, -131.217.

Anfahrt: Die Insel ist abgelegen und hat keinerlei touristische Infrastruktur. Um sie zu erreichen, reisen Sie am besten mit dem Flugzeug von Vancouver nach Sandspit auf Haida Gwaii. Oder Sie nehmen die BC Ferries von Prince Rupert in den Ort Daajing Giids. Dort können Sie ein Wasserflugzeug chartern, oder Sie nehmen an einer mehrtägigen Erlebnistour mit einem Boot teil. Viele mehrtägige Touren haben auch SGangGwaay auf dem Programm.

Öffnungszeiten: Grundsätzlich kann man die Insel das ganze Jahr besuchen. Die beste Reisezeit ist zwischen Mitte Juni und Mitte September. Dann ist auch das Meer ruhiger.

Eintritt: 26 CAD pro Person und Tag

Aktivitäten:

- Morseby Explorers bietet mehrtägige Zodiac-Touren an, die auch nach SGangGwaay führen. Ausgangspunkt ist Sandspit. Übernachtet wird in Hütten auf schwimmenden Pontons. Eine 4-Tages-Tour kostet 2300 CAD pro Person; Tel.: +1 250 637 2215, *moresbyexplorers.com*
- Man kann SGangGwaay auch mit dem eigenen Segelboot oder mit einem Kajak erreichen. Gecampt wird wild. Wer auf eigene Faust los will braucht allerdings viele Erfahrung und sollte auf jeden Fall Notfallausrüstung dabeihaben.

Unterkünfte: Auf SGangGwaay gibt es keine Unterkünfte. Eine kurze Bootsfahrt entfernt, liegt das einfach-rustikale Rose Harbour Guest House, das von dem deutschen Aussteiger Götz Hanisch geführt wird, Doppelzimmer inkl. Vollpension 150 CAD; Reservierungen erfolgen per E-Mail: *mail@roseharbour.com*, *roseharbour.com*

Website: *parkscanada.ca/pn-np/bc/gwaiihaanas*

28. Naikoon Provincial Park: Strandwanderung zum Wrack der Pesuta

Rau. Ungestüm. Wild. So erlebt man die Inseln von Haida Gwaii die meiste Zeit. Tatsächlich ist das Wetter auf dem Archipel oft windig, der Himmel nebelig, der Regenwald sattgrün. Über 1000 Millimeter Regen prasseln im Jahr auf die 150 Inseln und Inselchen nieder, so viel wie an nur wenigen Orten in Kanada. Auf Haida Gwaii hat die Natur ganze Arbeit geleistet.

Ganz besonders gilt das für Graham Island im Norden, die größte Insel des Archipels. Sie ist etwa 120 Kilometer lang und 85 Kilometer breit und beheimatet den Naikoon Provincial Park. Der Park ist ein bevorzugtes Ziel für Outdoor-Fans. Er umfasst 70.000 Hektar mit Sumpfgebieten, Wäldern und einem über 90 Kilometer langen, stürmischen Küstenstreifen. Wie stürmisch, das musste auch die Besatzung der „Pesuta" erfahren. Die 80 Meter lange

Die stürmische Küste von Haida Gwaii

Holzbarkasse war 1928 bei schlechtem Wetter in der Meerenge zwischen Haida Gwaii und dem Festland auf Grund gelaufen und schwemmte später am Strand an. Dort liegt das Wrack noch heute im tiefen Sand wie ein surreales Ausrufezeichen: Unterschätzt die Natur auf Haida Gwaii nicht!

Heute ist die „Pesuta" Ziel einer entspannenden Strandwanderung, die zu den schönsten in British Columbia gehört. Sie ist zwölf Kilometer lang, dauert vier Stunden und ist nicht besonders schwer. Mit Glück können Sie unterwegs Flussotter sehen, vielleicht sogar Grauwale, die gewöhnlich von Ende April bis Ende Juni durch die Meerenge ziehen.

Los geht die Tour im Örtchen Tlell, am Picknickplatz des Tlell River hinter der Ortsausfahrt. Die ersten drei Kilometer geht es auf einem markierten Weg leicht auf und ab durch einen tiefgrünen Kiefern- und Zedernwald, der mit seinen dichten Moosen, umgefallenen

Strand im Naikoon Provincial Park

Bäumen und riesigen Farnen wirkt wie ein Märchenland. An einer Weggabelung biegen Sie nach einer halben Stunde links in Richtung East Beach ab. Es geht weiter über eine Holzbrücke, vorbei an einer Aussteigerhütte und verwitterten Zäunen immer am Fluss entlang, bis Sie die Mündung erreichen. Selbst im Sommer pfeift hier oft eine steife Brise, eine Wollmütze kann also nicht schaden.

Bei gutem Wetter können Sie ab jetzt die Wanderstiefel ausziehen, denn nun geht es am Sandstrand weiter, der bei Ebbe gut 100 Meter breit ist. Schon nach wenigen Minuten ist in der Ferne das Wrack zu erkennen, doch die Optik täuscht. Von hier sind es noch knapp drei Kilometer, bis man es auch tatsächlich erreicht. Das Wrack ist relativ gut erhalten, wenn man bedenkt, dass es schon 90 Jahre dort liegt. Aus den hölzernen Planken des Wracks ragen allerorten rostige Nägel, Schornsteine und Bullaugen heraus. Drumherum haben die Stürme riesige Baumstämme und Wurzeln angespült.

Wrack der Pesuta am Strand

Wer ehrgeizig ist, kann vom Wrack geradeaus weiterlaufen, über 90 Kilometer, bis zur Nordspitze von Haida Gwaii. Der East Beach Wilderness Hike ist anspruchsvoll und nur für Wildnisfreaks geeignet. Für Tageswanderer geht es von hier auf demselben Weg zurück.

INFO

Lage: Das Südende des Naikoon Provincial Park liegt in der Nähe von Tlell, etwa 45 km von dem Hauptort Daajing Giids auf Haida Gwaii entfernt. GPS: 53.5629769, -131.9289541.

Anfahrt: Mit dem Auto dauert die Anfahrt über den asphaltierten Highway 16 rund 45 Min. Man durchquert den Ort Tlell, passiert das Gebäude der Parkverwaltung und biegt nach wenigen Minuten rechts zur Tlell River Picnic Area ab.

Öffnungszeiten: Der Wanderweg zur Pesuta ist ganzjährig möglich. Vermeiden sollte man die Flut, weil dann der Rückweg versperrt sein kann. Unbedingt die Gezeitenkarten prüfen!

Eintritt: kostenlos

Aktivitäten: Auf der Rückfahrt sollten Sie das moderne Kulturzentrum Haida Heritage Centre in Skidegate nicht verpassen. Auf geführten Touren der Ureinwohner kann man in den Sommermonaten viel über die Kultur der Haida lernen und sogar in einem Zedernkanu paddeln. Eintritt: 18 CAD, Führungen kosten 15 CAD pro Person; 2 Second Beach Road, Skidegate, Tel.: +1 250 559 7885, *haidaheritagecentre.com*

Unterkünfte:

- In Tlell am gleichnamigen Fluss bietet das Haida House 10 individuelle Zimmer und 12 moderne Strandhütten aus Zedernholz, Zimmer ab 389 CAD; 2087 Beitush Road, Tlell, Tel.: +1 888 602 0989, *haidatourism.ca/haida-house*
- Am Tlell River gibt es einen schönen Campingplatz mit 30 Stellplätzen. Der Misty Meadows Campground hat vom 1. Juni bis 30. September geöffnet, gehört zum Naikoon Provincial Park und liegt idyllisch auf einer Halbinsel zwischen Fluss und Meer, wenige Minuten vom Ausgangspunkt der Wanderung entfernt, first-come-first-serve, 18 CAD pro Nacht.
- Im Örtchen Daajing Giids bietet die Premier Creek Lodge 14 hübsche Zimmer in einem der ältesten Gebäude des Orts aus dem Jahr 1910, Zimmer ab 79 CAD; 3101 Oceanview Drive, Daajing Giids, Tel.: +1 250 559 8415, *premiercreek.ca/*

Website: *bcparks.ca/naikoon-park*

29. Freedom Road: Abenteuerliche Autofahrt an die Pazifikküste von Bella Coola

Diese Straße ist wirklich nichts für schwache Nerven! Es geht bergab, immer steil bergab. 18 Prozent Gefälle, enge Haarnadelkurven – und das auf einem rauen Schotterbelag. Senkrechte Felswände zur Rechten, steile Abhänge zur Linken und keine Leitplanken in Sicht. Willkommen auf der Freedom Road, einer der abenteuerlichsten öffentlichen Straße in Kanada!

Der Hafen von Bella Coola

Die Freedom Road gehört zum BC Highway 20 und wird in Kanada schlicht „The Hill" genannt. Wo sonst kann man auf weniger als sieben Kilometern rund 1200 Höhenmeter hinter sich lassen? Immer in der Hoffnung, es möge einem unterwegs bitte kein Truck entgegenkommen, denn an besonders brenzligen Stellen hat die Schotterpiste nur eine Spur ... Wer gerne und gut Auto fährt, der sollte sich diese atemberaubende Route zum Pazifik trotzdem – oder gerade deswegen – nicht entgehen lassen. Sie führt vom Chilcotin Plateau im Landesinneren von British Columbia über den 1524 Meter hohen Heckman Pass bis nach Bella Coola, einer kleinen Fischereigemeinde am Ende eines 150 Kilometer langen Fjords.

Willkommenschild der in Bella Coola lebenden Nuxalk First Nations

Gebaut wurde die Straße ursprünglich nicht vom Staat. Vielmehr hatten die Bewohner des Bella Coola Valley die Sache in den fünfziger Jahren selbst in die Hand genommen, nachdem die Regierung das Projekt immer wieder aufgeschoben hatte. Sie organisierten Dynamit und Maschinen und heuerten freiwillige Bauarbeiter an. Ein Jahr später war das Wunder vollbracht und der heikelste Streckenabschnitt von rund 30 Kilometern war vollendet. Die Bewohner der Orte Bella Coola und Hagensborg waren endlich an das Straßennetz angeschlossen und ihre Isolation hatte ein Ende. Seitdem hat die Provinz die Wartung der Straße übernommen und auch bauliche Verbesserungen durchgeführt.

Für Besucher ist die Freedom Road ein Glücksfall. Sie ermöglicht grandiose Naturerlebnisse in einer Region, die ich noch nie überlaufen erlebt habe. Im Winter können Sie in den Coast Mountains toll Heli-Skifahren, im Sommer im Tweedsmuir Provincial Park Fischen oder Kanufahren. Im Herbst ist es ein idealer Ort, um Grizzlybären zu beobachten.

Auf der Freedom Road gibt es stellenweise keine Leitplanken

Darüber hinaus bietet die Straße den Zugang zur Discovery Coast Circle Passage, einer 1700 Kilometer langen Rundtour für Autos und Wohnmobile, die im urbanen Vancouver beginnt, über das grüne Vancouver Island, die üppigen Regenwälder der Küste und das wüstenartige Landesinnere von British Columbia führt, bis man wieder in Vancouver ankommt.

Kanufahrt auf dem Turner Lake im Tweedsmuir Provincial Park

Von Bella Coola aus nimmt man dazu die staatliche Autofähre von BC Ferries, die nach einigen Jahren Pause nun wieder vom Dock am Ende des Fjords bis nach Port Hardy an die Nordspitze von Vancouver Island verkehrt. Die zehnstündige Fahrt durch die zerklüfteten Wasserwege an der Küste gehört zu den schönsten Schifffahrten Kanadas.

INFO

Lage: Die Freedom Road bezeichnet den Streckenabschnitt zwischen den Orten Anahim Lake und Bella Coola auf dem BC Highway 20. GPS: 52.3721277, -126.7539346.

Anfahrt:

- Von Anahim Lake bis Bella Coola sind es etwa 135 km und man braucht je nach Gefährt, Verkehr und eigenem Fahrstil 2,5 bis 3 Std. Der mittlere Teil der Strecke ist sehr steil, eng und kurvenreich. Weite Teile sind nicht asphaltiert, einige Stellen verlaufen einspurig. Ersatzreifen und Schneeketten im Winter sind dringend zu empfehlen.

- Die Fähren von BC Ferries steuern Bella Coola alle paar Tage an. Fahrplan und die Preise erfragt man online unter: *bcferries.com/schedules*

Öffnungszeiten: Grundsätzlich ist der Highway das ganze Jahr über geöffnet, zwischen Oktober und Mai sind Winterreifen jedoch Pflicht. Über den aktuellen Straßenzustand erkundigen Sie sich am besten online bei Drive BC, *drivebc.ca*

Aktivitäten:

- Geführte Touren im Bella Coola Valley bietet Leonard Ellis von Bella Coola Grizzly Tours. Eine Tagestour mit dem Boot kostet 275 CAD pro Person; 1953 Mackenzie Highway 20, Bella Coola, Tel.: +1 250 982 0098, *bcgrizzlytours.com*
- Geführte Bootstouren zu Bärenbeobachtung unternimmt auch Fraser Koroluk von Kynoch Adventures. Eine private Tour für zwei Gäste kostet 550 CAD pro Person. Eine Eco-Rafting-Tour in einem Schlauchboot über die Bella Coola und Atnarko Rivers kostet 175 CAD pro Person; 1896 Highway 20, Bella Coola, Tel.: +1 250 398 0390, *kynochadventuretours.com*

Unterkünfte:

- Die Tweedsmuir Park Lodge liegt 59 km östlich von Bella Coola an der Freedom Road im Provinzpark, und nicht selten grasen Grizzlybären auf dem Gelände! Geboten werden 10 luxuriöse Chalets sowie ein Haupthaus für 2 bis 4 Personen. Die Preise variieren stark nach Saison und Auslastung. Im Sommer werden Komplettpakete inkl. Sightseeing aufgelegt. Im Winter dient die Lodge als Ausgangspunkt für Heli-Skifahren; Highway 20, Tel.: +1 604 905 4994, *tweedsmuirparklodge.com*
- In Bella Coola können Sie im Sommer auf dem Gelände einer historischen Fischfabrik auf der anderen Seite des Fjords übernachten: Die Tallheo Cannery bietet ein Bed & Breakfast in einem historischen Guest House. Die Übernachtung kostet 180 CAD pro Nacht. Ein Shuttleboot bringt Übernachtungsgäste direkt hin; Bella Coola, Tel.: +1 604 992 1424, *bellacoolacannery.com*

Das Landesinnere

Blick auf den Okanagan Lake

Das Landesinnere

30. Hat Creek Ranch: Die alte Raststätte an der Cariboo Wagon Road
31. Spotted Lake: Naturwunder in der Wüste
32. Osoyoos: Wo die First Nations Wein keltern
33. Myra Canyon: Radtour auf den Spuren der alten Kettle Valley Railway
34. Sicamous: Kapitän sein in der Hausboot-Hauptstadt von Kanada
35. Kaslo: Das Schatzkästchen der Kootenays
36. St. Eugene: Museum und Resort in der alten Backsteinschule der Ktunaxa

Tumbler Ridge
Grande Prairie
McLeod Lake
ALBERTA
Swan Hills
Bear Lake
Fox Creek
Athabasca
Prince George
Grande Cache
97
16
Goat River
Edson
Hixon
Hinton
Brûlé
McBride
Wells
Robb
Fraser
Valemount
Jasper
KANADA
Smallboy Camp
Williams Lake
Blue River
Kinbasket Lake
5
Hanceville
100 Mile House
Clearwater
Lake Louise
Columbia
30
34
Canmore
Clinton
Revelstoke
1
BRITISH COLUMBIA
Chase
Sicamous
Thompson
Lillooet
Invermere
5
Vernon
Columbia
35
Canal Flats
Whistler
Merritt
33
Kelowna
Kaslo
Boston Bar
Kootenay Lake
Penticton
36
Nelson
31
Vancouver
3
St. Eugene
Trail
1
Osoyoos
Abbotsford
Bellingham
32
Pend Orielle
Victoria
Omak
Colville
Sandpoint
USA
0
200 km
Grand Coulee

30. Hat Creek Ranch: Die alte Raststätte an der Cariboo Wagon Road

Gold! Gold! Gold! So lautete vor mehr als 150 Jahren das Motto im Landesinneren von British Columbia. Zehntausende Glücksritter strömten in die wilde und damals kaum erschlossene Cariboo-Region in der Hoffnung auf Reichtum und Ruhm. Nicht wenige blieben dabei auf der Strecke, denn die Reise mit dem Maultier durch die Canyons des Fraser River war gefährlich.

Kutsche auf der alten Cariboo Wagon Road

Daher ordnete die Regierung im Jahr 1860 den Bau einer Straße für Pferdekutschen an. Die Cariboo Wagon Road führte von Fort Yale am Fraser River über 650 Kilometer bis zu den Goldfeldern von Barkerville, einer Boomtown in den Cariboo Mountains. Unterwegs entstanden sogenannte *road houses*, in denen Reisende übernachten und ihre Pferde füttern konnten.

Viele Ortsnamen im Binnenland von British Columbia zeugen noch heute davon. Dörfer wie 70 Mile House oder 150 Mile House gehen auf die alten Raststätten zurück und bezeichnen die damaligen Entfernungen zum Startpunkt der Cariboo Wagon Road. Heute verläuft unweit der alten Straße der moderne Cariboo Highway 97, der von Cache Creek bis Prince George führt. Das alte Straßenbett dagegen ist nur noch an wenigen Stellen erhalten oder zugänglich. Einer der wenigen Orte ist die Hat Creek Ranch, ein historisches Areal mit einem Road House aus dem Jahr 1861. Die Originalgebäude aus Goldrauschzeiten unweit des neuen Highways wurde in ein kleines Freilichtmuseum verwandelt – und die alte Planwagenroute führt mitten hindurch.

Damals war das der Luxus des Reisens …

In der Ranch fühle ich mich stets zurückversetzt in die alten Pioniertage der Goldschürfer und Rinderzüchter. Denn die Prärien zwischen den Coast and Cariboo Mountains waren – und sind – Cowboyland. Hier ist das Leben noch wild und ungezähmt, Pferde und Reiter gehören zum Alltagsbild, ebenso Viehtransporte der großen Farmen im Innern von British Columbia.

Wie in der alten Zeit: Plauderei in der Hat Creek Ranch

Im Zentrum der Ranch steht das Hat Creek House, das einzige noch erhaltene Road House seiner Art in Kanada und das größte, das es an der Cariboo Wagon Road je gab. Zu Goldrauschzeiten zahlte man etwa einen Dollar pro Nacht, was heute rund 50 Dollar entspricht. Die meisten Gäste schliefen ganz rustikal auf einer Decke auf dem Fußboden. Betten galten als Luxus.

Laienschauspieler in historischen Kostümen lassen im Sommer auf dem ganzen Gelände die alten Zeiten aufleben: Besucher können auf Führungen wie einst in das Road House einchecken, einem Schmied bei der Arbeit zusehen, in die Blockhütten der Pioniere kriechen oder die Stallungen und historischen Farmhäuser besichtigen. Als wäre die Zeit stehen geblieben …

INFO

Lage: Die Hat Creek Ranch liegt 350 km nordöstlich von Vancouver oder 12 km nördlich von Cache Creek an der Kreuzung der Highways 97 und 99. GPS: 50.883988, -121.4099749.

Anfahrt: Die Fahrt von Vancouver dauert zwischen 4,5 und 5 Std. und führt über den Trans-Canada Highway und den Cariboo Highway 97 bis Cache Creek. Knapp 12 km hinter

Cache Creek biegen Sie links in den Highway 99 in Richtung Lillooet ab. Nach 700 m geht es gleich wieder links in die Jackson Road, die direkt auf die Ranch zuführt.

Öffnungszeiten: Anfang Mai bis Ende September täglich von 9 bis 17 Uhr; Tel.: +1 250 457 9722, *hatcreek.ca*

Eintritt: 19,50 CAD für Erwachsene, 14,50 CAD für Senioren, 11,50 CAD für Kinder.

Aktivitäten: Auch die alte Goldgräberstadt Barkerville lohnt einen Ausflug. Dort kann es im Sommer allerdings voll werden, denn das historische Städtchen ist heute ein gut ausgebautes Touristenzentrum mit allerlei Programmen. Zu sehen gibt es 120 restaurierte Häuser, die jenen aus der Goldgräberzeit entsprechen, darunter einen Saloon, Restaurants, eine Bäckerei, ein Theater und vieles mehr. Man kann auf Planwagen mitfahren und auch Gold schürfen. Um nach Barkerville zu gelangen, fahren Sie von der Hat Creek Ranch auf dem Highway 97 weiter nach Norden und biegen hinter Quesnel in den Highway 26 ab, der in Barkerville endet. Von der Hat Creek Ranch sind es etwa 400 km. Geöffnet von Anfang Juni bis Anfang September von 8 bis 20 Uhr, Eintritt 20 CAD für Erwachsene; 14301 Highway 26 E., Barkerville, Tel.: +1 888 994 3332, *barkerville.ca*

Unterkünfte:

- In Barkerville gibt es ein historisches Hotel mit sieben Zimmern. Das St. George Hotel hat das ganze Jahr über geöffnet und bietet ein Übernachtungserlebnis wie zu Zeiten der Goldgräber. Doppelzimmer ab 150 CAD inklusive Frühstück. Main Street, Barkerville, Tel.: +1 780 712 2810 *stgeorgehotelbarkerville.ca*
- Auf dem Gelände der Hat Creek Ranch können Sie ebenfalls übernachten. Stellplätze für ein Wohnmobil kosten 40 CAD mit Strom und 30 CAD ohne Strom pro Nacht. Angeboten für die Nacht werden auch vier Planwagen, die jeweils Platz für bis zu 4 Personen haben, pro Nacht kostet das zwischen 45 und 85 CAD. Holzhütten mit Stockbetten sind ab 105 CAD zu mieten und bieten Platz für 5 bis 6 Personen.

31. Spotted Lake: Naturwunder in der Wüste

So einen See haben Sie noch nicht gesehen: Wie eine riesige Farbpalette liegt er da, mitten in der sengenden Sonne zwischen Präriegräsern, Stauden und dem Wüstensand. Seine Oberfläche ist voller Farbkleckse, und ich stelle mir immer vor, hier muss ein Künstler mit seinem Pinsel am Werk gewesen sein. Ob Gelb, Grün, Blau oder Pink, fast alle Farben sind vertreten.

Der Blick von der Straße auf den See

Spotted Lake heißt der geheimnisvolle Ort, übersetzt „der gefleckte See". Er liegt im östlichen Similkameen Valley im zentralen Landesinneren von British Columbia unweit der Grenze zu den USA. Bei eingefleischten Nutzern des Online-Fotodienstes Instagram ist der ungewöhnliche See längst ein Hit, in vielen Reiseführern aber taucht er bislang nicht auf. Vielleicht liegt es an der Tatsache, dass der magische See auf Privatgelände liegt und man sein Ufer nicht direkt erreichen kann. Eine Umrundung oder Wanderung zu Fuß ist ebenfalls nicht möglich. Trotzdem ist der See alles andere als unsichtbar – Sie können ihn sogar ganz bequem von der Straße aus bestaunen und auch großartige Fotos fürs Familienalbum machen.

Die Farben des Sees sind einfach frappierend.

Bleibt die Frage, wie es zu den runden Flecken auf der See-Oberfläche kommt. Verantwortlich sind die geologische Beschaffenheit und das harsche Klima der Region, die zu den heißesten in Kanada gehört. Mit regelmäßig über 40 Grad im Sommer und nur 300 Millimeter Regen im Jahr befindet sich der See nämlich mitten in der einzigen offiziellen Wüste in Kanada. Die Region rund um das Örtchen Osoyoos gilt geografisch als Verlängerung der Sonoran Desert, die von Mexiko über Kalifornien bis nach British Columbia reicht. Für den See bedeutet dies, dass im Sommer das meiste Wasser schon nach kurzer Zeit verdunstet ist. Übrig bleiben runde Pools, die mit Mineralien wie Kalzium oder Magnesiumsulfat versehen sind.

Je mehr Wasser verdunstet, desto mehr solcher Pools entstehen und desto intensiver und bunter werden deren Farben. Die Veränderungen sind frappierend und vollziehen sich innerhalb nur weniger Wochen. Es kann sich also lohnen, den Spotted Lake öfters als nur einmal zu bestaunen, wenn Ihre Reiseroute das erlaubt oder Sie länger in der Gegend sind.

Ein Tipi im Nk'Mip Desert Cultural Centre

Für die Ureinwohner ist der See übrigens heilig, was auch der Grund ist, warum ein direkter Zugang nicht gestattet wird. Die First Nations nutzten den See über viele Jahrhunderte für medizinische Zwecke und Reinigungsrituale. Sie glaubten, dass jeder individuelle Pool eine einmalige Heilkraft entfaltet, und bauten Altare am Ufer, um seine spirituelle Kraft zu feiern.

Das Nk'Mip Desert Cultural Centre

Im Ersten Weltkrieg spielte der Spotted Lake eine eher unrühmliche Rolle. Damals mussten chinesische Arbeiter aus den Pools eine Tonne Mineralien pro Tag abtragen, damit die Industrie daraus Munition herstellen konnte. Bei dieser Geschichte bleibt nur noch zu hoffen, dass dieser einmalige See jetzt für immer seinen Frieden gefunden hat.

INFO

Lage: Der Spotted Lake liegt 10 km westlich der Ortschaft Osoyoos oder 130 km südlich von Kelowna im Similkameen Valley, das zur Region Okanagan gehört. GPS: 49.0780179, -119.5675024.

Anfahrt: Von der Innenstadt von Osoyoos nehmen Sie den Highway 3, der auch Crowsnest Highway genannt wird, in Richtung Westen. Nach genau 9,3 km auf dem Highway taucht linksseitig ein Gatter mit einem hohen Tor auf, darauf geschrieben „Spotted Lake". Vor dem Gatter haben 3 bis 4 Autos Platz zum Parken. Von dort können Sie den See bequem erspähen. Bitte steigen Sie nicht über den Zaun und achten Sie das Durchgangsverbot!

Öffnungszeiten: Man kann den See das ganze Jahr über bestaunen. Am beeindruckensten sind die Farben jedoch in den Sommermonaten.

Aktivitäten:

- Wer sich für die First-Nation-Perspektive des Spotted Lake interessiert, dem sei eine Tagestour von Swiws Spirit Tours empfohlen. Ein Guide der Ureinwohner begleitet Besucher zum See und weiteren kulturell wichtigen Orten der indigenen Bewohner in den Similkameen- und Okanagan-Tälern; Tel.: +1 250 689 1549, *patty@swiwsspirittours.com*, *swiwsspirittours.com*
- Mehr über die faszinierende Ökologie der Wüstenregion und die Kultur der First Nations erfahren Sie im Nk'Mip Desert Cultural Centre, einem exzellenten Museum samt Freigelände der Ureinwohner. Es hat im Sommer täglich von 9 bis 16 Uhr geöffnet, Eintritt 18 CAD pro Person, 14 CAD für Kinder; 1000 Rancher Creek Road, Osoyoos, Tel.: +1 250 495 7901, *nkmipdesert.com*

Unterkünfte: Unweit des Kulturzentrums wohnt es sich angenehm im gehobenen Spirit Ridge Lake Resort, einem im Pueblo-Stil gehaltenen Hotel der Hyatt-Kette mit 226 Condos, einem Golfplatz, einem Weingut, einer Spa, einem Fitnesscenter und mehreren Restaurants. Es liegt gleich neben dem Nk'Mip-Weingut (siehe Tipp 32). 1200 Rancher Creek Road, Osoyoos, Tel.: +1 250 495 5445, *spiritridge.hyatt.com/en/hotel/home.html*

32. Osoyoos: Wo die First Nations Wein keltern

Es ist ein heißer Sommertag, das Thermometer zeigt 35 Grad. Über der Prärie brennt die Sonne, und ein paar Grillen zirpen. In der Luft liegt der Duft von wildem Salbei und Holunder. Der Häuptling steht zwischen ein paar Rebstöcken und probiert Merlot-Trauben. „Gut, aber noch ein wenig sauer", brummt er und spuckt die Kerne auf den Boden.

Clarence Louie gehört zu den Osoyoos First Nations, einem winzigen Volk, das in seinem Reservat etwas Einmaliges geschaffen hat: das erste von Ureinwohnern gegründete und betriebene Weingut in Nordamerika. Das Weingut heißt Nk'Mip (ausgesprochen: „in-ka-miip"). Übersetzt heißt das in der Sprache der Ureinwohner „der Ort, wo der Bach in den See mündet".

Die Trauben gedeihen prächtig auf den Rebhängen des Nk'Mip-Weinguts.

Gemeint ist ein Stück Land an der Mündung von Lake Osoyoos und Okanagan River im Binnenland von British Columbia. Bis vor ein paar Jahrzehnten wuchsen an den Hängen des Sees nur struppige Gräser, Büsche, Sträucher und kleine Kiefern. Heute mischt sich auf über 140 Hektar das saftige Grün von Weinreben zwischen die ausgedorrte Prärielandschaft.

Weinkeller von Nk'Mip

Nk'Mip ist eines von rund 200 Weingütern, die sich wegen des guten Klimas in und um die Okanagan-Region angesiedelt haben, der zweitgrößten Weinanbauregion in Kanada. Das Reservat selbst eignet sich exzellent für den Weinbau: Im Tal ist es heiß und trocken, im Sommer scheint die Sonne wegen der nördlichen Lage im Schnitt zwei Stunden länger als in Kalifornien.

In der Kellerei können Sie Weine probieren – und kaufen.

Ein paar Schritte von den Reben entfernt steht die Kellerei, ein sandfarbener Bau mit einem runden Dach. Davor ein Brunnen mit dem Firmenlogo: eine Schildkröte auf einer Speerspitze aus Stein. Die Schildkröte steht symbolisch für die Mutter Erde, die Speerspitze für Stärke und Einfluss.

Zehntausende Liter Wein im Jahr werden hier produziert – und er schmeckt köstlich. Im Verkostungsraum von Nk'Mip können Sie die

Eine Häuptlings-Figur thront über dem Tal.

gutseigenen Weine Pinot Blanc, Chardonnay, Riesling, Merlot, Pinot Noir, Cabernet Sauvignon oder Syrah probieren. Sogar Eiswein wird hier produziert. Besonders gelungen sind die Premiumweine, die den Markennamen Qwam Qwmt tragen, frei übersetzt heißt das so viel wie „Wir streben nach Exzellenz".

Besonders liebe ich die kleine Restaurantterrasse der Kellerei, von der man einen wunderbaren Blick hat über die Weinberge, den See und das Örtchen, das ebenfalls den Namen Osoyoos trägt. Über dem Restaurant liegt der Duft von Olivenöl und Knoblauch, eine Pergola spendet wohltuenden Schatten. Hier fühle ich mich stets wie in der Toskana – doch es ist wirklich Kanada!

Blick von der Terrasse auf den Ort Osoyoos und den See

INFO

Lage: Die Nk'Mip-Kellerei liegt unweit der Ortschaft Osoyoos im südlichen Okanagan Valley rund 400 km östlich von Vancouver oder 130 km südlich von Kelowna. GPS: 49.0384035, -119.4334984.

Anfahrt: Die Fahrt von Vancouver führt über den Trans-Canada Highway und den Highway 3 in Richtung Osten. Kurz hinter dem Ortszentrum von Osoyoos verlassen Sie den Highway 3 nach links und biegen in die 45. Straße ab, die im weiteren Verlauf halbrechts in die Rancher Creek Road übergeht. Diese führt direkt zum Parkplatz des Weingutes; 1400 Rancher Creek Road, Osoyoos, Tel.: +1 250 495 2985, *nkmipcellars.com*

Öffnungszeiten: Von Ende Mai bis Anfang September hat das Weingut täglich von 10 bis 18 Uhr geöffnet, von Anfang September bis Ende Oktober von 10 bis 17 Uhr. Im Winter und Frühjahr gelten eingeschränkte Öffnungszeiten.

Eintritt: Der Eintritt ist frei. Weinproben kosten zwischen 5 und 15 CAD pro Person.

Aktivitäten:

- Das Patio-Restaurant der Kellerei hat täglich zwischen 11:30 und 15:45 Uhr zum Mittagessen geöffnet. In den Sommermonaten können Sie Snacks probieren, die sich an den kulinarischen Traditionen der First Nations anlehnen, inklusive passendem Wein, ab 55 CAD pro Person.
- Mehr über die Kultur der Osoyoos First Nations erfährt man im Nk'Mip Desert Cultural Centre, einem exzellenten Museum samt Freigelände der Ureinwohner.

Unterkünfte: Unweit der Kellerei betreiben die Osoyoos-Ureinwohner einen schönen Campground und RV-Park am See. Ein Stellplatz ist im Sommer ab 72 CAD zu haben; *campingosoyoos.com*

33. Myra Canyon: Radtour auf den Spuren der alten Kettle Valley Railway

Die Eisenbahn spielte bei der Gründung Kanadas eine große Rolle. Erst nachdem die Regierung den Bau einer transkontinentalen Strecke von Ost nach West versprach, trat British Columbia dem jungen Land bei. Am 7. November 1885 war es soweit. Am Eagle Pass in den Rocky Mountains wurde der letzte Nagel in die Schwelle gerammt – und das Land war geboren.

Einzigartige Bockbrücken überqueren die Schluchten des Myra Canyon.

Doch die berühmte Strecke der Canadian Pacific Railway (CPR) durch die Rocky Mountains war anfällig für Lawinen und Erdrutsche. Sie führte auch weit an den lukrativen Silberminen und Obstplantagen im Zentrum von British Columbia vorbei. Also planten die Ingenieure eine Parallelroute, die den Südwesten der Provinz mit den Gleisen der CPR verband.

Die Kettle Valley Railway wurde 1915 eröffnet und war auf ihrem Höhepunkt 650 Kilometer lang. Viele Jahrzehnte lang transportierte die Bahn Passagiere, Rohstoffe, Obst oder Holz durch die Kootenays, das Okanagan Valley und die Coquihalla Region. 1989 verließ im Dorf Penticton der letzte Zug den Bahnhof – doch das Vermächtnis der Bahn lebt fort. Denn große Teile des Gleisbetts von einst sind heute in einen beliebten Wander- und Radweg verwandelt worden. Der Kettle Valley Trail verbindet die Städte Castlegar und Hope und ist ideal für mehrtägige Rad- und Wandertouren von Ort zu Ort. Wer weniger Zeit hat, der kann nahe Kelowna an einem Tag einen der spektakulärsten Streckenabschnitte erleben.

Die zwölf Kilometer lange Teilstrecke zwischen den ehemaligen Stationen Ruth und Myra windet sich auf einer Anhöhe am großartigen Myra Canyon entlang, einer tiefen Schlucht im Myra-Bellevue Provincial Park. Die Route ist eisenbahntauglich, hat also nur moderate Steigungen und Gefälle und bietet unterwegs spektakuläre Aussichten.

Auf der Tour können Sie achtzehn Brücken und zwei Tunnels erleben.

Radfahrer oder Wanderer überqueren achtzehn einzigartige Bockbrücken aus Holz, manche stammen noch aus den alten Eisenbahntagen, andere wurden nach einem großen Waldbrand im Jahr 2003 wiederaufgebaut. Alle Brücken stehen heute unter Denkmalschutz. Dazu kommen zwei Tunnel, welche die Arbeiter einst durch die Felsen sprengten.

Die Route führt durch Hochebenen, lichte Wälder mit Pinien, Lärchen und Fichten, aber auch durch Waldbrandgebiete, in denen die Natur gerade wieder neu erwacht. Mit Glück kann man unterwegs Grizzlybären beobachten, Bergziegen oder sogar Berglöwen. Der Blick von der Route auf den Okanagan Lake gehört mit zum Schönsten, was ich in der Region kenne.

Welch ein Blick auf den Okanagan Lake!

INFO

Lage: Der Myra Canyon liegt etwa 18 km südöstlich von Kelowna, der größten Stadt im Okanagan Valley, auf etwa 1000 Höhenmetern. GPS: 49.8036492, -119.3117702.

Anfahrt: Der Canyon hat zwei Zufahrten. Die ehemalige Bahnstation Myra liegt am Ende der Myra Forest Service Road, einer 8 km langen Schotterstraße. Von Kelowna aus erreicht man sie über die Benvoulin Road und die K.L.O. Road. An einer Kreuzung biegen Sie links in die McCulloch Road, fahren an einem Golfplatz vorbei, über eine schmale Brücke bis es rechts in die Myra Forest Service Road geht. An deren Ende befindet sich ein Parkplatz. Der Einstieg über die Station Myra eignet sich besonders für Wanderer, da die Mehrzahl der Brücken schneller erreicht werden. Radfahrer können dort im Sommer Fahrräder mieten. Wer seine Tour an der Bahnstation Ruth beginnen will, der fährt ebenfalls bis zur McCulloch Road, biegt hinter dem Golfplatz aber rechts in die June Springs Road ab. Nach einer Weile geht es an einem Stoppschild rechts, dann folgen Sie der Straße bis zum Abzweig in die Little White Forest Road, einer Schotterstraße. Nach 4 km erreichen Sie das alte Gleisbett, dem Sie nach links bis zum Parkplatz folgen.

Öffnungszeiten: Die Strecke durch den Myra Canyon ist das ganze Jahr über geöffnet, bis Mitte April liegt gewöhnlich Schnee.

Eintritt: Der Eintritt ist frei. Zwischen Mitte Mai und Oktober können Sie sich an der Myra Station Fahrräder mieten. Diese kosten 48 CAD für den halben Tag.

Aktivitäten: Myra Canyon Bike Rentals bietet auch geführte Touren an, bei denen Sie in Kelowna abgeholt werden. Diese dauern 4 Std., führen über 24 km und kosten 169 CAD pro Person inkl. Transfer, Fahrrad und Helm. Wer 74 km von Myra bis nach Penticton fahren will, der kann eine Tour buchen, bei der Sie am Ende des Tages dort abgeholt werden, 249 CAD pro Person; Kettle Valley Rail Trail, Tel.: +1 250 878 8763, *myracanyonrental.com*

Unterkünfte: Die Myra Canyon Lodge liegt nahe der Bahnstation Ruth am Rande des Myra-Bellevue Provincial Park. Das europäisch geführte Bed & Breakfast liegt 500 Höhenmeter über Kelowna, hat vier Appartements mit toller Aussicht, dazu eine hot tub und Sonnenterrasse. Die Übernachtung kostet zwischen 180 CAD und 300 CAD pro Nacht. Tel.: +1 250 764 9731, *myracanyon.com*

Website: *bcparks.ca/myra-bellevue-park*

34. Sicamous: Kapitän sein in der Hausboot-Hauptstadt von Kanada

Schiff ahoi – und Hand auf's Herz: Wer hat nicht schon einmal davon geträumt, sein eigener Kapitän zu sein? In der kleinen Gemeinde Sicamous gehört das zum Plan. Denn das Örtchen in der Region Shuswap gilt als eine Hausboot-Hauptstadt in Kanada und hat für Wasserratten so viel zu bieten, dass viele kanadische Familien dort ihren ganzen Sommerurlaub verbringen.

Wenn Sie auf dem Trans-Canada Highway in Richtung Osten in die Rocky Mountains fahren, dann können Sie Sicamous eigentlich nicht verpassen. Doch viele Urlauber fahren einfach durch, nichts ahnend, was ihnen entgeht. Sicamous ist in der Sprache der Ureinwohner „der Ort, wo das Wasser die Berge umschließt" und dieser Name könnte treffender kaum sein.

Sicamous ist von Wasser umschlungen.

Sicamous liegt am Ufer des Shuswap Lake, einem Gewässer, das bei den Einheimischen aus vielerlei Gründen populär ist. Der See hat mehr als 1000 Kilometer Uferstreifen, das Wasser ist für kanadische Verhältnisse warm und es gibt allerorten wunderbare Strände und Buchten. Baden, Plantschen oder Bootfahren gefällig? Dieser See ist dafür der richtige Ort!

Schaut man sich den See von oben an, dann sieht er aus wie ein krummes „H". Die vier verzweigten Arme des Sees verbergen allerlei geheimnisvolle Buchten, Höhlen aus Fels und Gestein und idyllische Strände, die man nur mit dem Boot erreichen kann. Kein Wunder, dass Hausboote hier so populär geworden sind wie an keinem anderen Ort in British Columbia.

Ich finde, es gibt kaum etwas Schöneres, als nach einem sonnenreichen Tag in einer verwunschenen Bucht den Anker zur werfen,

an Deck den Grill anzuzünden und bei einem Glas Rotwein den Sonnenuntergang zu genießen. Ach ja, den eigenen frischen Fisch können Sie sich im Shuswap Lake natürlich auch fangen, vor allem die fetten Forellen sind eine Wucht.

In Sicamous gibt es 300 Hausboote in allen Formen und Größen anzumieten, dazu Wasserski oder Wakeboards (Bretter, die man sich um die Füße schnallt). Mit Glück bekommen Sie auf dem Wasser sogar Shuswaggi zu sehen, das See-eigene Monster von Sicamous. Das soll zwischen acht und zehn Meter lang sein und sich wie eine riesige Schlange durch die tiefblauen Gewässer des Shuswap Lake winden ...

INFO

Lage: Sicamous liegt 500 km östlich von Vancouver am Trans-Canada Highway. Der nächste größere Ort ist Revelstoke, etwa 80 km entfernt. GPS: 50.8378243, -118.9768156.

Anfahrt: Die Fahrt von Vancouver dauert 6 bis 8 Std. und führt über den Trans-Canada Highway und den Highway 5, den sogenannten Coquihalla Highway.

Öffnungszeiten: Die Sommermonate sind in der Region Shuswap recht belebt, vor allem während der kanadischen Schulferien zwischen Anfang Juli und Anfang September. In der Zwischensaison dagegen hat man den See (beinahe) für sich allein.

Aktivitäten:

- Für Hausboote finden sich in Sicamous zahlreiche Anbieter, zum Beispiel Twin Anchors Houseboats. Die Hausboote können je nach Größe zwischen 6 und 24 Personen unterbringen und sind voll ausgestattet wie ein Wohnmobil, 3 Übernachtungen in der Nebensaison ab 1500 CAD; 200 Old Town Road West, Sicamous, Tel.: +1 250 836 2450, *twinanchors.com*

- Blue Water House Boats hat auch eine gute Auswahl. Ein Wochenende in einem kleineren Boot ist in der Nebensaison ab 1695 CAD zu haben, eine Woche ab 2700 CAD. Größere Boote kosten entsprechend mehr. Dazu kommen Benzin, Versicherungen und Anlegegebühren. Im Sommer sollten die Boote vorab reserviert werden; 110 Weddup Street, +1 250 836 2255, *bluewaterhouseboats.ca*
- Wassergefährte aller Art können Sie bei Reds Rentals im Ortszentrum mieten. Ein Motorboot kostet etwa 700 CAD pro Tag, ein Aluboot zum Fischen 225 CAD, ein Kajak oder Kanu 70 CAD; 1 Finlayson Street, Tel.: +1 855 748 7927, *redsrentals.ca*
- Von Sicamous aus lohnt sich ein Ausflug ins Städtchen Salmon Arm, etwa 30 km weiter westlich am Trans-Canada Highway gelegen. Der Ort mit seinen 15.000 Einwohnern gilt als das Schmuckstück des Shuswap. Sie finden dort einen schönen Park am Wasser, außerdem die größte Hafenanlage im Binnenland von British Columbia mit einer Seebrücke aus Holz. Im Haney Heritage Village können Sie hübsche historische Gebäude aus der Pionierzeit bewundern (etwa 2 km südlich am Highway 97B, geöffnet im Sommer täglich von 10 bis 17 Uhr, Eintritt: Erwachsene 12 CAD, *salmonarmmuseum.org*).

Unterkünfte:

- Am Hauptarm des Shuswap Lake gibt es einen wunderbaren Campground der Provinz für Zelte oder Wohnmobile. Der Shuswap Lake Provincial Park liegt am Wasser und hat einen familienfreundlichen Sandstrand. Der Platz hat von Mai bis Oktober geöffnet, im Sommer sind Reservierungen angeraten, 32 CAD pro Nacht; *bcparks.ca/shuswap-lake-park*
- Der Shuswap Lake Marine Provincial Park unterhält 23 Camping- und Ankerplätze in den vier Armen des Sees (Main Arm, Seymour Arm, Salmon Arm, Anstey Arm). Viele davon sind nur per Boot erreichbar und eignen sich auch für Hausboote. *bcparks.ca/shuswap-lake-marine-park/sites*

35. Kaslo: Das Schatzkästchen der Kootenays

Es ist das perfekte Kanada – wie auf einem Bildschirmschoner: schneebedeckte Gipfel, idyllische Seen, rauschende Wasserfälle, Einsamkeit pur. So sehen die Landschaften aus, wenn man vom Landesinneren von British Columbia über Orte wie Nelson oder Revelstoke weiter nach Osten fährt. Man könnte glatt glauben, man sei schon in den Rocky Mountains.

Idyllisch, aber nie überlaufen: Der Kootenay Lake

Doch weit gefehlt! Die Bergketten, die in Nord-Süd-Richtung durch das Binnenland von British Columbia verlaufen, haben mit den Rocky Mountains geologisch nichts zu tun – auch touristisch nicht. Zwar werden sie umgangssprachlich oft als die „Rockies" bezeichnet, doch sie sind 85 Millionen Jahre älter und werden in Kanada den Columbia Mountains zugeordnet.

Am südlichen Ende der Columbia Mountains liegen die Kootenays, eine relativ wenig bereiste Region mit dichten Wäldern, einsamen Tälern, langgestreckten Seen und wilden Provinzparks, die selten überlaufen sind. Auf den Karten finden Sie Ortsnamen, von denen Sie vielleicht noch nie gehört haben: Nakusp, New Denver, Silverton, Sandon, Ainsworth. Einst waren all diese Orte Boomtowns, als vor 100 Jahren in den Kootenays Silber entdeckt wurde. Heute liegen sie wie im Dornröschenschlaf und sind zu Zufluchtsorten geworden für Aussteiger, Hippies, Künstler, Naturliebhaber. Wohlfühlen dürften sich auch Reisende, die im Sommer mal so richtig ausspannen wollen, jenseits der touristischen Trampelpfade.

Historische Straßenfassaden in Kaslo

Sie gehören zu diesen Menschen? Dann empfehle ich einen kleinen Ort, den Sie bislang vielleicht nicht auf Ihrem Plan hatten: Kaslo liegt idyllisch am Ufer des Kootenay Lake und gehört zu jenen Orten, an dem man die Seele so richtig baumeln lassen kann. An denen Erinnerungen hoch kommen an die unbeschwerten Sommertage der Kindheit und Jugend.

Die S.S. Moyie

Der 1000-Einwohner-Ort ist ein viktorianisches Schatzkästchen mit Holzhäusern aus dem 19. Jahrhundert, Ladenfassaden aus der Pionierzeit, pittoresken Kirchtürmen, Alleen mit alten Bäumen, gepflegten Gärten mit bunten Blumen, Holzveranden mit Schaukelstühlen. An der Uferpromenade kann man so schön flanieren wie einst. Am Seeufer an der Front Street liegt die „S.S. Moyie", der letzte Schaufelraddampfer, der einst über den See kreuzte. Er ist der größte seiner Art weltweit, der noch erhalten ist, und er steht für die Geschichte der Region. Denn mit ihm wurden die Siedler, Bergleute und Farmer einst in die Kootenays gebracht, als es noch keine Straßen oder Bahnlinien gab.

Farmer's Market am Ufer des Kootenay Lake

Damals zur Pionierzeit in den 1890er-Jahren gab es in Kaslo sage und schreibe 27 Saloons, verruchte Spelunken in Hülle und Fülle, und auch das Unterhaltungs-Gewerbe soll recht aktiv gewesen sein. Die Gewerbetreibenden von heute bieten vor allem Ökogemüse, frisches Obst und Kunsthandwerk aus der Region – jedem Samstag beim Farmer's Market am See.

INFO

Lage: Kaslo liegt 200 km südlich von Revelstoke oder 70 km nördlich von Nelson am Westufer des 100 km langen Kootenay Lake. GPS: 49.9142499, -116.9154503.

Anfahrt: Die Fahrt von Revelstoke dauert etwa 3,5 Std. Die idyllische Route führt über den Highway 23 zunächst an der Westseite des Upper Arrow Lake entlang. Bei Shelter Bay nimmt man eine kostenlose Fähre auf die andere Seeseite, fährt auf der Ostseite bis New Denver und folgt von dort dem Highway 31A bis Kaslo. Die Fähre in Shelter Bay fährt stündlich.

Öffnungszeiten: Hauptreisezeit ist zwischen Mitte Mai und Mitte Oktober. Dann kann auch der Schaufelraddampfer S.S. Moyie besichtigt werden. Eintritt: 14 CAD für Erwachsene, 7 CAD für Kinder. Geöffnet täglich von 10 bis 16 Uhr, 324 Front Street, Tel.: +1 250 353 2525, *klhs.bc.ca*

Aktivitäten:

- Kaum zu glauben, aber das älteste Rathaus auf dem Festland von British Columbia findet man in – Kaslo. Das Gebäude von 1898 kann wochentags zwischen 8 und 16 Uhr bestaunt werden; 413 4th Street, Tel.: +1 250 353 2311

- Der Kunsthandwerk- und Ökomarkt findet zwischen Mitte Juni und Mitte September statt, und zwar jeden Samstag von 9 bis 13 Uhr; 450 Front Street
- Eine kurze Wanderung führt über den Wardner Trail zu einem Aussichtspunkt, von dem aus man einen wunderbaren Blick auf den Kootenay Lake und die Columbia Mountains hat. Der Weg beginnt in der Wardner Street und dauert 30 Min.
- Von Kaslo aus lohnt sich ein Tagesausflug in die alte Bergbaustadt Sandon, die in etwa 45 Min. über den Highway 31 zu erreichen ist. Einst war Sandon die Silberhauptstadt von British Columbia, heute ist sie eine Geisterstadt. Zu sehen sind Ruinen und wiederaufgebaute Gebäude aus der Pionierzeit, das älteste Kraftwerk von British Columbia, ein Café und ein kleines Museum, das sporadisch geöffnet hat; *sandonmuseum.com*

Die Geisterstadt Sandon

- Etwa 50 Min. südlich von Kaslo können Sie ein Labyrinth von Höhlen entdecken, die von einem Untertagefluss geformt wurden. Cody Cave Tours bietet zweistündige Touren, diese kosten 55 CAD für Erwachsene, 45 CAD für Kinder; Cody Caves Provincial Park, Tel.: +1 250 359 2283, *codycavetours.com*

Unterkünfte:

- In Kaslo gibt es einen hübschen Campingplatz, gelegen zwischen Kootenay Lake und dem Stadtpark Vimy. Stellplätze kosten zwischen 33 CAD und 45 CAD; Kreuzung A Avenue und Second Street, Tel.: +1 250 353 2662, *kaslo.ca/p/campground*
- Die Zimmer und Suites im historischen Kaslo Hotel kosten in der Hauptsaison zwischen 168 CAD und 515 CAD; 430 Front Street, Tel.: +1 250 353 7714, *kaslohotel.com*

36. St. Eugene: Museum und Resort in der alten Backsteinschule der Ktunaxa

Auf den ersten Blick sieht das Backsteingebäude aus wie eine Privatschule der *upper class* irgendwo in England. Das altehrwürdige Bauwerk hat Türmchen, Erker und ein Kreuz auf dem Dach und liegt mitten in einem idyllischen Landschaftspark mit alten Bäumen und Alleen. An der Fassade rankt Efeu, an den Laternen hängen bunte Blumenampeln.

Ganz falsch ist der Eindruck nicht. Denn das St. Eugene Golf Resort und Casino war tatsächlich einmal eine Schule. Genauer gesagt, ein Internat für First-Nations-Kinder. Hunderte Mädchen und Jungen aus indigenen Familien haben auf dem Gelände nahe der Stadt Cranbrook bis 1970 auf Geheiß des Staates zum Beispiel Englisch, Religion oder Mathe gelernt. Es war ein düsteres Kapitel, auf das man in Kanada heute alles andere als stolz ist. Denn das Ziel der sogenannten *residential schools* wie der St. Eugene Mission School war es, die First-Nations-Kinder in die weiße Gesellschaft zu assimilieren. Notfalls auch mit Gewalt und Zwang. Einsamkeit, Schläge und Missbrauch waren in Einrichtungen wie diesen an der Tagesordnung.

Der Eingang zur ehemaligen Missionsschule im St. Mary's-Reservat

Im St. Mary's-Reservat am Fuße der Purcell Mountains haben die First Nations ihren eigenen Weg gefunden, das Erlebte zu verarbeiten: Sie haben die alte Schule in ein Hotel verwandelt, dem einzigen seiner Art in Nordamerika. Aus einem Ort der Schande haben sie so ein Ort der Hoffnung gemacht, in dem bis zu 250 Menschen einen Job gefunden haben.

Einige Schlafsäle des ehemaligen Internats beherbergen heute Hotelzimmer. In einem alten Klassenraum befindet sich das Restaurant Fisher Peak Lounge. Die Kapelle, in der zu Schulzeiten um sieben Uhr morgens die Frühmesse zelebriert wurde, ist ein Bankettsaal. Teile des Schulhofes wurden zum 18-Loch-Golfplatz. In einem Nebengebäude entstand ein Casino.

Im Inneren des Gebäudes hängen Portraits von Häuptlingen der Ktunaxa.

Die Hotelgänge im Inneren des Gebäudes erinnern noch an die alte Zeit. An den roten Backsteinwänden hängen Schwarz-Weiß-Aufnahmen: Sie zeigen First-Nations-Kinder bei der Osterprozession, beim Schulsport, in Schuluniform. Daneben hängen Ölgemälde mit Stammesältesten und Banner mit Symbolen der indigenen Schöpfungsgeschichte.

Im Untergeschoss beherbergt ein kleines Museum historische Artefakte der Ktunaxa, einem Volk, das seit über 10.000 Jahren im Südosten British Columbias lebt. Die Gewinne aus dem Hotel kommen dem Volk zugute. Der Stamm finanziert damit unter anderem Sprachkurse für junge First-Nations-Kinder, damit die alten Mundarten nicht verloren gehen.

Auf meine Frage, warum man das alte Gebäude nach dem Ende der Zwangsschulen nicht einfach hat abreißen lassen, hat mir eine Stammesälteste einmal ein schönes Zitat mit auf den Weg gegeben. „In diesem Gebäude hat man uns einst unsere Kultur geraubt", hat sie gesagt. „Nur in diesem Gebäude werden wir sie zurückerlangen." Ein Anfang ist gemacht.

Hinter dem ehemaligen Schulgebäude können Sie heute Golf spielen.

INFO

Lage: Das St. Eugene Golf Resort und Casino liegt im St. Mary's-Reservat unweit der Gemeinde Cranbrook. GPS: 49.586022, -115.7564575.

Anfahrt: Die Fahrt von Vancouver dauert etwa 10 Std. und führt über den Trans-Canada Highway und die Highways 3 und 95 in Richtung Osten. Die Entfernung beträgt etwa 850 km. Im Ortszentrum von Cranbrook biegen Sie links in die Theatre Road ab und fahren dann für 8 km immer geradeaus. Im weiteren Verlauf geht die Straße in die Mission Road über. Kurz vor dem St. Mary River sieht man das Gelände auf der linken Seite; 7777 Mission Road, Cranbrook, *steugene.ca*

Öffnungszeiten: Das Hotel hat ganzjährig geöffnet. Das Casino ist täglich von 11 bis 23 Uhr, an Freitagen und Samstagen ist bis 1 Uhr Betrieb. Die Öffnungszeiten des Golfplatzes variieren je nach Wetter, Anfragen: *golf@steugene.ca*

Aktivitäten:

- Das Ktunaxa Interpretative Centre im Untergeschoss hat wochentags zwischen 9 und 16:30 Uhr geöffnet. Zweimal täglich werden Touren durch das Hotel angeboten, außerdem werden dazu Artefakte der First Nations und ein sehr bewegender Film über die Geschichte der St. Eugene Residential School gezeigt. Für eine Teilnahme muss man nicht im Hotel wohnen oder das Casino besuchen. Die Touren dauern 90 Min. und müssen vorab reserviert werden, 25 CAD pro Person; Tel.: +1 250 417 4001
- Der Golfplatz besteht aus 18 Löchern, man kann aber auch nur 9 Löcher buchen. Die Gebühren liegen je nach Tageszeit und Wochentag zwischen 44 und 88 CAD pro Runde. Tel.: +1 877 417 3133

Unterkünfte:

- Die Hotelzimmer im St. Eugene Golf Resort und Casino sind geräumig und gemütlich. 25 der insgesamt 125 Zimmer liegen im ehemaligen Schulgebäude, die anderen in einem Nebenhaus. Die Preise variieren nach Jahreszeit und Auslastung, ab 169 CAD im Doppelzimmer; Tel.: +1 250 420 2000
- Auf dem ehemaligen Schulgelände gibt es auch Stellplätze für Wohnmobile. Diese liegen direkt am Ufer des St. Mary River und sind von April bis Oktober geöffnet, mit Strom zwischen 77 und 120 CAD pro Nacht; Tel.: +1 250 420 2055, *koa.com/campgrounds/cranbrook*

Der Norden

Blick von Hyder nach Stewart

Der Norden

37. Nisga'a Memorial Lava Bed: Im Land der Vulkane
38. Stewart: Grenzstädtchen im Niemandsland
39. Stewart-Cassiar Highway: Roadtrip nach Norden
40. Bennett Dam: Staudamm der Superlative
41. Tumbler Ridge: In den Fußabdrücken der Dinosaurier
42. Kinuseo Falls: Die Niagara Falls des Nordens

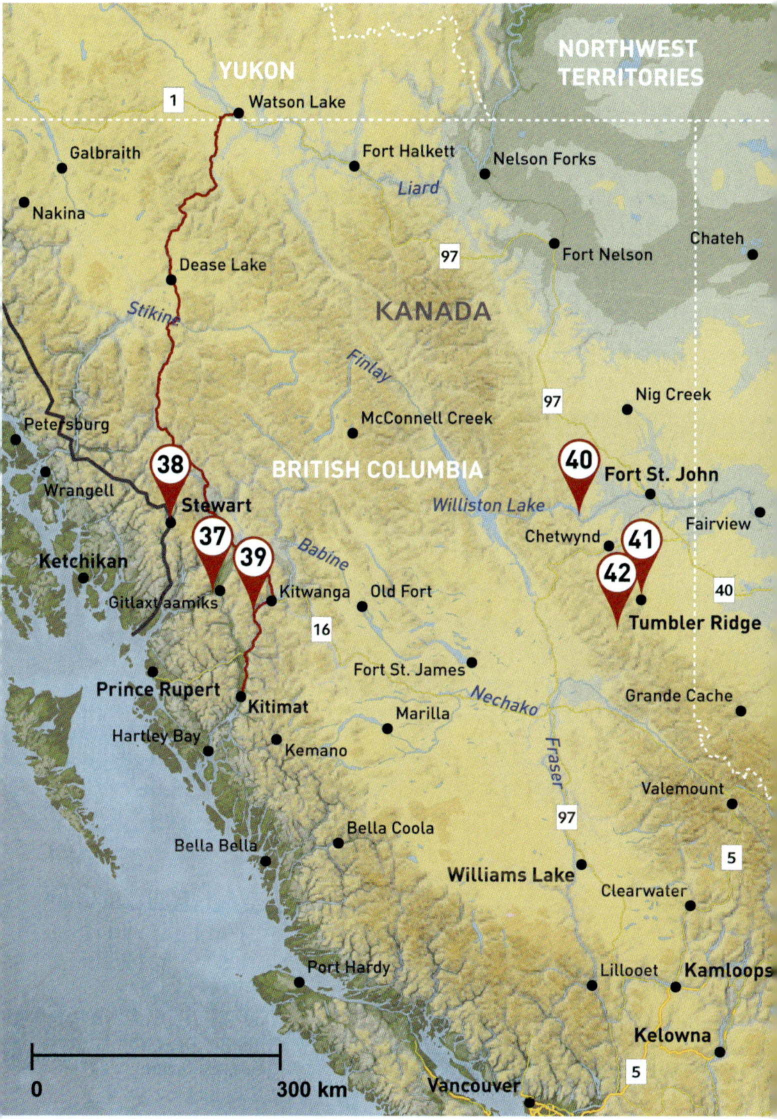
YUKON
NORTHWEST TERRITORIES
1
Watson Lake
Galbraith
Fort Halkett
Nelson Forks
Liard
Nakina
97
Fort Nelson
Chateh
Dease Lake
Stikine
KANADA
Finlay
97
Nig Creek
Petersburg
McConnell Creek
38
40
BRITISH COLUMBIA
Fort St. John
Wrangell
Stewart
Williston Lake
37
Chetwynd
41
Fairview
39
Babine
Ketchikan
42
40
Kitwanga
Old Fort
Gitlaxt'aamiks
Tumbler Ridge
16
Fort St. James
Prince Rupert
Nechako
Kitimat
Grande Cache
Marilla
Hartley Bay
Kemano
Fraser
Valemount
97
Bella Coola
Bella Bella
5
Williams Lake
Clearwater
Port Hardy
Lillooet
Kamloops
Kelowna
0
300 km
5
Vancouver

37. NISG̲A'A MEMORIAL LAVA BED: IM LAND DER VULKANE

Der Name des Parks ist ein wahrer Zungenbrecher: Anhluut'ukwsim Lax̱mihl Angwinga'asanskwhl Nisg̱a'a. So nennen die Nisg̱a'a Ureinwohner eine Vulkan- und Lava-Landschaft im Nordwesten von British Columbia, die in ihrer Form in Kanada einmalig ist. Zu finden ist sie im Nass Valley, einem abgeschiedenen Tal unweit des Stewart-Cassiar Highway.

Vulkane in Kanada? Viele Besucher mag das überraschen. Tatsächlich liegen weite Teile von British Columbia am sogenannten „Pacific Ring of Fire", einer Region mit starker vulkanischer und seismischer Aktivität. Über 20 als aktiv klassifizierte Vulkane zählen Geologen in der Region. Ausgebrochen sind sie in den letzten 10.000 Jahren insgesamt 49 Mal.

Geführte Wanderungen durch die Lavafelder gehören zu den Höhepunkten eines Besuchs im Ness Valley.

Der letzte größere Ausbruch davon fand im Nass Valley statt – vor rund 300 Jahren. Laut mündlichen Überlieferungen der Nisg̱a'a wurden bei dem Lavafluss etwa 2000 Menschen getötet und mindestens zwei indigene Dörfer zerstört. Ausgangspunkt der Naturkatastrophe war der Tseax Zylinder, ein rund 600 Meter hoher Vulkankegel in den Hazelton Mountains.

Teile des Gebiets werden heute vom Anhluut'ukwsim Lax̱mihl Angwinga'asanskwhl Nisg̱a'a Park geschützt. Es ist der erste

Park in British Columbia, der gemeinsam von der BC-Parkbehörde und den lokalen First Nations verwaltet wird. Das sieht ein Abkommen vor, das die Ureinwohner und der Staat nach 113 (!) Jahren dauernden Verhandlungen unterzeichnet haben.

Der Nisga'a Memorial Lava Bed Park, wie er auch genannt wird, erinnert mich streckenweise an die Vulkanlandschaften auf der Insel Hawai'i, wo ich ein paar Jahre gewohnt habe. Im Nass Valley türmt sich die erstarrte Lava bis zu 20 Meter hoch. Dazwischen wachsen knorrige Büsche und Bäume. Viele Lavafelder sind mit dicken Moosen und Flechten überzogen.

Manche der mondartigen Landschaften, magischen Lavafelder und überwucherten Vulkankegel sind problemlos von der Straße aus zu bestaunen. Einen noch besseren Eindruck bekommen Sie bei geführten vierstündigen Wanderungen, die Sie im Sommer mitten in die Lavafelder bringen. Auf eigene Faust ist das Betreten dieser Gebiete nicht erlaubt.

Lava, so weit das Auge reicht ...

Hängebrücke in Gitwinksihlkw

Ebenso spannend sind die vielen Kulturdenkmäler der Nisga'a im Nass Valley. Über eine schwindelerregende Hängebrücke gelangen Sie beispielsweise in das Dorf Gitwinksihlkw, übersetzt der „Ort der Echsen". Sie sollen dort gelebt haben, bevor die Lava kam. Prächtige Totempfähle säumen heute den Fluss, heiße Quellen laden zum Baden ein.

Das neu erbaute Nisga'a-Museum in Laxgalts'ap ist eine architektonische Perle. Es stellt mehr als 300 kulturelle Schätze, Kunstwerke und Totempfähle der Nisga'a aus. Einige wurden erst kürzlich aus Kollektionen aus aller Welt an den Ort ihres Ursprungs zurückgebracht. Das Nass Valley ist wahrlich ein Ort der Naturwunder, der Ehrfurcht und des Erstaunens.

INFO

Lage: Das Besucherzentrum des Nisga'a Memorial Lava Bed Park finden Sie am gleichnamigen Campingplatz etwa 100 km nördlich der Gemeinde Terrace. Von Prince Rupert sind es 240 km. GPS: 55.196543, -129.113515

Anfahrt: Von Terrace aus nehmen Sie den Highway 113 nach Norden. Kurz vor der Gemeinde Gitlaxt'aamiks biegen Sie links zum Campingplatz des Parks ab. Falls Sie vom Stewart-Cassiar Highway kommen, biegen Sie an der Cranberry Junction auf die Nass Forest Service Road ab (größtenteils Schotter!) und folgen dieser für 62 km bis zum Highway 113. Dort fahren Sie links, bis nach gut 1 km der Campingplatz ausgeschildert ist.

Öffnungszeiten: Der Park ist von Mitte Mai bis Mitte September in Betrieb. Das Besucherzentrum hat im Juli und August täglich außer Montag von 10 bis 17 Uhr geöffnet, in der Nebensaison gelten kürzere Zeiten.

Eintritt: frei

Aktivitäten:

- Geführte Wanderungen durch die geschützten Lavafelder und den Regenwald bis zum Vulkankegel bietet Nass Valley Tours, der Startpunkt der Tour liegt 1,4 km nördlich der Lava Lake Picknick Site am Highway 113 (6 km, 4 Std., mittelschwer), 40 CAD pro Person, Sonntag, Montag und Donnerstag Tel.: +1 250 641 4400, *nass113.com*
- Nisga'a-Museum, im Juli und August täglich von 10 bis 17 Uhr, im Juni, September und Oktober täglich außer Montag und Dienstag von 10 bis 17 Uhr, im Winter geschlossen, 810 Highway Drive, Laxgalts'ap, Tel.: +1 250 633 3050, *nisgaamuseum.ca*

Unterkünfte: Nisga'a Memorial Lava Beds Campground am Vetter Creek, 16 Stellplätze ohne Strom, first-come-first-serve, 20 CAD pro Nacht, Recreation Road.

Websites:

- *bcparks.ca/anhluutukwsim-laxmihl-angwingaasanskwhl-nisgaa-park-aka-nisgaa-memorial-lava-bed-park/#park-overview-container*,
- *discovernisgaa.com*

38. Stewart: Grenzstädtchen im Niemandsland

Manchmal kann es ganz schön nervig sein, eine Grenze zu passieren. In unsicheren Zeiten wie diesen mussten wir alle schon so manche Tortur über uns ergehen lassen, besonders auf dem Weg in die Vereinigten Staaten: lange Schlangen an der Passkontrolle, bohrende Fragen der Grenzer, Gepäckkontrollen mit Schnüffelhunden, peinliches Abtasten durch die Polizei.

Doch es gibt Orte, da ist die Welt scheinbar noch in Ordnung. Stewart in British Columbia und Hyder in Alaska sind solche Orte. Die Zwillingsdörfer liegen direkt an der Grenze und wer dort von Kanada aus in die benachbarten USA reisen will, der braucht – erstmal nichts. Keinen Pass, kein Visum, keine Zollerklärung. Nur für den Rückweg sollte man die Papiere bei sich haben.

Die amerikanische Grenze ist in Hyder betont unspektakulär ...

Der Grenzübergang zwischen Stewart und Hyder ist eine nordamerikanische Kuriosität. Er ist der einzige auf dem ganzen Kontinent, an dem man auf dem Landweg legal in die USA reisen darf, ohne irgendwelche Kontrollen zu passieren. Das hat mit der isolierten und entlegenen Lage zu tun, denn die benachbarten Siedlungen liegen in einer Sackgasse im Niemandsland.

Das Niemandsland erreichen Sie über den Stewart-Cassiar Highway (siehe Tipp 39), und zwar über eine Stichstraße, die nahe Meziadin Junction vom „Cassiar" abzweigt. Unterwegs erleben Sie Wasserfälle, glitzernde Seen, schneebedeckte Berge und dramatische Gletscherzungen. Am Ende erreichen Sie nach rund einer Stunde Fahrt auch das 500-Einwohner-Dörfchen Stewart.

Stewart liegt am Ende des Portland Canal, des viertlängsten Fjords der Welt. In der Mitte des Fjords und kurz hinter dem Dorf verläuft die internationale Grenze, die ich fast übersehen hätte, hinge da nicht ein großes Banner über der Straße mit der Aufschrift „Welcome to Hyder, Alaska". 90 Bewohner wohnen jenseits der Linie– wenn überhaupt.

Im Grunde ist Hyder eine Geisterstadt am Ende der Welt mit verwitterten Fassaden und ein paar staubigen Feldwegen. Es gibt einen kleinen Souvenirshop, verfallene Blockhütten, dazu ein kleines Hotel mit einer Bar. Irgendwo hinter riesigen Büschen versteckt sich ein Postamt, der einzigen hoheitlichen Einrichtung der USA weit und breit.

Alkohol gibt's im Glacier Inn in Hyder erst ab 21 Jahren.

Ansonsten orientieren sich die Bewohner an Kanada. Sie haben ihre Uhren auf kanadische Zeit eingestellt, akzeptieren kanadische Dollar, telefonieren in einem kanadischen Netz und beziehen ihren Strom aus dem Nachbarland. Viele Bewohner arbeiten in Stewart und gehen dort einkaufen. Alkohol können sie dort ab 19 Jahren bekommen – in Alaska erst ab 21 Jahren.

Hauptattraktion sind die Bären und Adler, die Sie sehen können, wenn Sie hinter Hyder einer holprigen Forststraße ein paar Kilometer bis zu einer Aussichtsplattform am Fish Creek folgen. Besonders im Herbst zur Lachssaison lohnt sich das. Wer von dort weiter fährt, der überquert die Grenze ein zweites Mal und erreicht nach gut einer Stunde den Salmon Glacier.

Blick auf den Salmon Glacier

Der beeindruckende Gletscher ist 18 Kilometer lang. Die holprige und kurvenreiche Fahrt dorthin ist nichts für schwache Nerven. Die großen Vermieter erlauben eine Fahrt auf der Route nicht, doch seit Kurzem gibt es einen Bus. Der steht in den Sommermonaten bei gutem Wetter jeden Tag um 13 Uhr am Infopavillon von Stewart, um Besucher zum Gletscher zu bringen.

In Stewart ist die Zeit scheinbar stehen geblieben...

Die Tour dauert rund vier Stunden und ist es wert, denn der Salmon Glacier ist der größte auf dem Landweg erreichbare Gletscher in Nordamerika. Auf dem Rückweg von Kanada in die USA, und dann wieder nach Kanada, taucht am Straßenrand dann doch noch eine Zollstation auf, nämlich die der Kanadier. Ganz ohne (kanadische) Grenzer geht es also doch nicht …

INFO

Lage: Stewart liegt 1500 km nördlich von Vancouver. Mit dem Auto fährt man etwa 18 Std. Von Prince Rupert sind es 450 km oder 6 Std., GPS: 55.9413124, -129.9878921.

Anfahrt: Von Vancouver fahren Sie den Trans-Kanada-Highway nach Osten, den Cariboo-Highway 97 nach Norden und den Yellowhead Highway 16 nach Westen. Einige Kilometer hinter der Ortschaft Hazelton biegen Sie rechts in den Stewart-Cassiar Highway 37 ab. Nach 156 km erreichen Sie Meziadin Junction, wo Sie links in den Highway 37A fahren. Von dort sind es noch 61 km bis Stewart.

Aktivitäten:

- Etwa 35 km vor Stewart am Highway 37A liegt der kleine, aber hübsche Bear Glacier, an dem Sie unbedingt anhalten sollten. Der Blick lohnt sich!
- In Stewart gibt es ein kleines Museum, in dem man mehr über die Geschichte der Region und auch den Goldrausch erfahren kann, der den Ort nach dem ersten Fund im Jahre 1910 kurzzeitig auf über 10.000 Einwohner anschwellen ließ. Geöffnet von Mai bis September, täglich von 10 bis 16 Uhr; 703 Brightwell Street, Tel.: +1 250 636 2229.
- Busausflüge zum Salmon Glacier organisiert Whitecap to Icecap Adventures, im Sommer täglich um 13 Uhr, 100 CAD pro Person, Tel.: +1 778 794 9929.

Unterkünfte: Kurz vor Stewart hat es einen praktischen RV Park mit grünen und schattigen Stellplätzen. Unweit des Portland Canal gelegen kosten die Stellplätze dort 60 CAD pro Nacht inklusive Strom. Bear River RV Park, 2200 Davis Street, Stewart, Tel.: +1 250 636 9205, *bearriverrvpark.com*

Website: *stewart-tourism.com/museum/overview*

39. Stewart-Cassiar Highway: Roadtrip nach Norden

Wenn Sie mit dem Auto oder Wohnmobil in den hohen Norden von British Columbia oder in das Yukon Territory fahren wollen, dann haben Sie zwei Möglichkeiten: Sie können entweder den Alaska Highway wählen, eine gut ausgebaute und populäre Schnellstraße, die über 2232 Kilometer von Dawson Creek im Nordosten der Provinz bis in den US-Bundesstaat Alaska führt.

Berg- und Flußpanorama entlang des Stewart-Cassiar Highway

Oder aber Sie fahren den Stewart-Cassiar Highway. Der „Cassiar", wie er von Fans gerne genannt wird, ist die entlegenere und weniger befahrene Variante: Die auch als Highway 37 bezeichnete Strecke ist 875 Kilometer lang und führt in Nord-Süd-Richtung vom Yellowhead Highway im Nordwesten von British Columbia bis zum Alaska Highway nahe Watson Lake.

Interessant ist der „Cassiar" vor allem für jene, die sich von Vancouver aus in Richtung Norden aufmachen. Als ich den Highway vor über 20 Jahren zum ersten Mal fuhr, war er noch eine durchgängige Schotterpiste und eine ziemliche Plage. Heute dagegen ist er fast komplett geteert. Nur ein kleiner, steiler Abschnitt nahe der Ortschaft Dease Lake ist nicht befestigt.

Der Stewart-Cassiar Highway nördlich von Dease Lake

Trotzdem hat sich die Strecke ihren wilden Charme von früher bewahrt. Anders als der Alaska Highway ist die Straße schmal und hügelig, hat keinen Standstreifen und ist im nördlichen Streckenabschnitt ziemlich holprig und voller Schlaglöcher. Die Infrastruktur entlang der Route ist spärlich. Unterwegs gibt es nur wenige Siedlungen, Tankstellen oder Einkaufsmöglichkeiten.

Dafür viele schwere Trucks der Forst- und Bergbauindustrie. Wohnmobilfahrer und Camper sind natürlich auch auf dem „Cassiar" unterwegs, aber deutlich weniger als auf dem Alaska Highway oder in den Rocky Mountains. Wer Wildnis und Abgeschiedenheit sucht, dazu unberührte Landschaften, Parks und Seen abseits des Massentourismus, der ist dort genau richtig.

Ohne Abstecher, Ausflüge oder größere Pausen können Sie die 875 Kilometer in zwei Tagen fahren. Ich empfehle allerdings, sich mehr Zeit zu gönnen. Beim letzten Mal war ich inklusive eines Abstechers nach Stewart (siehe Tipp 38) fünf Tage unterwegs, einschließlich Wandern, Paddeln und entspannten Stunden auf wunderschönen Campingplätzen direkt am Wasser.

Unterwegs lohnen sich Stopps: In den indigenen Dörfern Kitwanga und Gitanyow ganz im Süden können Sie viele schmucke

Sonnenuntergang am Kinaskan Lake

Ausblick vom Campground am Boya Lake

Totempfähle bestaunen. Im Kinaskan Lake Provincial Park etwa auf halber Strecke führen Wanderwege zu den beeindruckenden Cascade-Wasserfällen. Der Boya Lake ganz im Norden ist im Sommer ein Paradies für Sonnenanbeter und Paddler.

Wenn Sie abenteuerlustig sind, dann können Sie in Dease Lake über eine 112 Kilometer lange und waghalsige Staubpiste bis nach Telegraph Creek fahren. Die Pioniersiedlung stammt aus der Goldgräberzeit und gleicht in Teilen einer Geisterstadt. Seien Sie allerdings gewarnt: Die meisten Versicherungen verbieten die Nutzung der Piste. Sie fahren also auf eigenes Risiko.

Ein Tipp noch zum Abschluss: Es lohnt sich, unterwegs regelmäßig aufzutanken, denn am „Cassiar" haben nur wenige Tankstellen geöffnet. Kaufen Sie Lebensmittel, Grillgut und Getränke vorab ein, das Angebot am Highway ist bescheiden. Funkempfang gibt es kaum, Navigationsgeräte funktionieren nicht. Der „Cassiar" ist und bleibt eine Route für Pioniere.

INFO

Lage: Offiziell beginnt der Stewart-Cassiar Highway, oder Highway 37, im Örtchen Kitimat am Ende des Douglas Channel. Von dort führt er nach Norden und endet schließlich an der Kreuzung mit dem Alaska Highway nahe Watson

Lake im Yukon. Die meisten Reisenden beginnen (oder beenden) die Fahrt jedoch weiter nordöstlich in Kitwanga an einer Tankstelle an der Kreuzung des „Cassiar" mit dem Yellowhead Highway. GPS: 55.095909, -128.076686

Anfahrt: Die Kreuzung des „Cassiar" mit dem Yellowhead Highway (Highway 17) liegt etwa 238 km östlich von Prince Rupert oder 112 km westlich von Smithers. Vom Ende des „Cassiar" im Yukon Territorium sind es noch 420 km bis nach Whitehorse.

Öffnungszeiten: Der Highway ist das ganze Jahr über geöffnet. Zwischen Herbst und Frühjahr fällt Schnee. Über den aktuellen Straßenzustand erkunden Sie sich am besten online auf Drive BC, *drivebc.ca*

Aktivitäten:

- Wanderung zu den Cascade-Wasserfällen im Kinaskan Lake Provincial Park: Startpunkt am Upper Falls Trailhead, 11 km südlich des Park-Campingplatzes (5 km retour, leicht, flach), *bcparks.ca/kinaskan-lake-park*
- Kanu- und Kajakverleih am Boya Lake im Tā Ch'ilā Provincial Park: 20 CAD pro Stunde, *bcparks.ca/ta-chila-park-aka-boya-lake-park*

Unterkünfte: Am Stewart-Cassiar Highway liegen drei sehr schöne Campingplätze von BC-Parks: Meziadin Lake (150 km nördlich von Kitwanga), Kinaskan Lake (364 km nördlich von Kitwanga) und Tā Ch'ilā, der auch als Boya Lake bekannt ist (150 km nördlich von Dease Lake). Alle drei Campingplätze haben tolle Stellplätze direkt am Wasser, am Meziadin Lake gibt es auch Strom. Reservierungen sind für Meziadin Lake und Tā Ch'ilā möglich, am Kinaskan Lake gilt das Prinzip first-come-first-serve, 20-22 CAD pro Stellplatz und Nacht, *bcparks.ca*

Websites:

- *gov.bc.ca/gov/content/transportation/driving-and-cycling/traveller-information/routes-and-driving-conditions/highway-37-stewart-cassiar*
- *hellobc.com/road-trips/stewart-cassiar-highway*

40. Bennett Dam: Staudamm der Superlative

British Columbia ist ein Land der sauberen Energien. Über neunzig Prozent des heimischen Stroms wird aus erneuerbaren Quellen gewonnen, vor allem aus der Wasserkraft. An den mächtigen Flüssen im Norden wurden Staudämme und Stauseen gebaut, die zu den größten in Nordamerika gehören und die Kanada zu einer Strom-Supermacht gemacht haben.

Das gilt auch für die Kraftwerke am Peace River, der in den nördlichen Rocky Mountains entspringt und nach knapp 2000 Kilometern in der Nachbarprovinz Alberta in den Athabasca River mündet. An dem Strom unweit der Kleinstadt Fort St. John liegen zwei der wichtigsten Wasserkraftwerke von British Columbia und ein drittes ist seit einigen Jahren im Bau.

Besonders beeindruckend ist der W.A.C. Bennett Dam, der zwischen 1963 und 1968 gebaut wurde. Der 183 Meter hohe und zwei Kilometer lange Damm ist eines der mächtigsten je mit Erde auf-

Gigantisches Bauwerk am Peace River: der W.A.C. Bennett Dam

Hinter dem Damm staut sich der größte menschengemachte See in British Columbia.

geschütteten Bauwerke der Welt. Hinter ihm staut sich der größte See der Provinz, der zugleich der siebtgrößte weltweit ist, wenn man das Wasservolumen zum Maßstab nimmt. Die Zweige und überfluteten Täler des Williston Lake summieren sich auf eine Länge von über 400 Kilometern. An seinen Ufern liegen mehrere Provinzparks, Zeltplätze und Bootrampen. Beliebt ist der menschengemachte See vor allem wegen seinen reichen Fischgründen, dem Wassersport und den schier unendlichen Möglichkeiten für Camper und Bootfahrer.

Am faszinierendsten aber finde ich den Damm selbst, der unweit der Gemeinde Hudson's Hope errichtet wurde. In einem Besucherzentrum des Stromversorgers BC Hydro können Technik-Freaks auf geführten Bustouren durch die Katakomben des Mega-Bauwerkes cruisen und in Filmen und Ausstellungen mehr über den Damm, seinen Bau und seinen Betrieb erfahren. Ein Guide fährt Sie dabei mit einem speziellen Bus hinunter bis auf 170 Meter Tiefe an das Fundament des Damms heran, dann durch einen Verbindungstunnel hindurch bis zum eigentlichen Maschinenhaus mit seinen riesigen Turbinen. Rund 50 Minuten dauert die faszinierende Fahrt, die zum Schluss wieder im Besucherzentrum endet.

Ein friedlicher Fluss: der Peace River

Dort werden auch die Probleme des Damms nicht ausgespart. In der Ausstellung *„Our story, our voice“* kommen die First Nations der Region zu Wort, für die das Projekt keine Verbesserung war. Im Zuge der Überflutung weiter Landstriche verloren Dutzende Familien ihre angestammte Heimat und der Prozess der Versöhnung und Aufarbeitung hat gerade erst begonnen. Besonders ein Zitat geht mir nicht aus dem Kopf. „Sie nannten es Fortschritt. Wir nennen es Zerstörung“, heißt es auf einer Tafel gleich am Eingang der Ausstellung. Das Zitat ist aktuell wie eh und je. Denn auch der Bau des dritten Damms am Peace River, der sehr umstrittene Site C Dam, betrifft viele First Nations. Es ist die Kehrseite der sauberen Energie in Kanada.

INFO

Lage: Der W.A.C Bennett Dam liegt 20 km westlich der Ortschaft Hudson's Hope oder 110 km westlich von Fort St. John. GPS: 56.016853, -122.2104196.

Anfahrt: Von Fort St. John nehmen Sie den Highway 97 nach Norden, nach ein paar Kilometern biegen Sie links in den Highway 29. Nach gut 1 Std. Fahrzeit ist die kleine Gemeinde Hudson's Hope erreicht. Im Ortszentrum verlässt man den Highway und fährt geradeaus in den Canyon Drive. Diese Straße führt nach 22 km zum Besucherzentrum des Damms, 22098 Canyon Drive, Tel.: +1 250 783 5048, *www.bchydro.com/community/recreation_areas/visitor-centres/wac-bennett-visitor-centre.html*

Öffnungszeiten: Das Besucherzentrum von BC Hydro ist von Mitte Mai bis Anfang September besetzt, und zwar täglich von 10 bis 17 Uhr. Führungen finden stündlich ab 10:30 Uhr statt. Die letzte Führung des Tages beginnt um 15:30 Uhr.

Eintritt: 8 CAD für Erwachsene, Kinder unter 5 Jahren sind frei.

Aktivitäten: Etwa 30 km flussabwärts liegt der kleinere Peace Canyon Dam, der zweite Damm am Peace River. Ihn kann man sich von einer Aussichtsplattform ansehen, an der es auch einige Informationstafeln gibt. Mit dem Auto erreichen Sie ihn, wenn Sie vom W.A.C. Bennett Dam bis nach Hudson's Hope zurückfahren. Dort geht es dann nach rechts zurück auf den Highway 29 in Richtung Fort Nelson. Nach knapp 7 km überquert eine Brücke den Peace River und der Damm ist nicht zu übersehen.

Unterkünfte:

- Am südlichen Ende des Williston Lake befindet sich ein einfacher, aber hübsch gelegener Campingplatz mit Strand, Bootsanleger und Picknicktischen. Die Alexander Mackenzie's Landing Campsite ist von Mitte Mai bis Mitte Oktober geöffnet, wird von BC Hydro unterhalten, liegt 8 km von der Gemeinde Mackenzie entfernt und ist mit dem Auto über die Highways 97 und 39 erreichbar, 22 Stellplätze; Parsnip Forest Development Road, Mackenzie
- Rund um Hudson's Hope gibt es mehrere Camping- und RV-Plätze. Schön ist der Dinosaur Lake Campground unweit des Peace Canyon Dam. Er liegt 7 km südlich des Ortes und ist über den Highway 29 erreichbar. Der See entstand nach dem Bau des Damms. Mit einem Boot können Sie bis unterhalb des Damms paddeln und die dort lebenden Adler beobachten. Ein Stellplatz kostet 20 CAD, Reservierungen kann man online vornehmen: *hudsonshope.ca/adventure/campgrounds/dinosaur-lake*

41. Tumbler Ridge: In den Fussabdrücken der Dinosaurier

Vor ein paar Jahren machten zwei Jungs am Flussufer des Flatbed Creek eine ungewöhnliche Entdeckung. Bei einem Ausflug bemerkten sie auf einigen Felsplatten seltsame Verformungen. Die Einbuchtungen sahen zackig aus und wiederholten sich alle paar Schritte. Was nur konnte das sein? Man zog Experten zu Rate – und die Sensation war perfekt.

Eine Sensation: Echte Dinosaurier-Spuren im Fels

Was die Jungs an jenem Tag fanden, waren Fußabdrücke von Dinosauriern. Die Versteinerungen stammen aus der Oberkreidezeit vor knapp 100 Millionen Jahren, als die Landschaften im Nordosten von British Columbia noch tropische Urwälder an einem urzeitlichen Ozean waren, mit gigantischen Bäumen, verwunschenen Mooren und reißenden Flüssen.

Heute wird die Region den nördlichen Rocky Mountains zugerechnet, und einer ihrer Hauptorte ist Tumbler Ridge. Das 3000-Einwohner-Nest war in den achtziger Jahren auf dem Reißbrett entstanden, und die Menschen leben von der Forstwirtschaft, dem Bergbau und den Kohlevorkommen. Lange fanden nur wenige abenteuerlustige Reisende den Weg dorthin. Doch seit der Entdeckung der Fußabdrücke beginnt sich das zu ändern. Wegen ihrer bemerkenswerten Erdgeschichte wurde die Gegend zu einem globalen Geopark der Vereinten Nationen erklärt. Seitdem hat sie sich zu einem Paradies für Wissenschaftler und einem Sehnsuchtsort für Kinogänger, Bücherwürmer und Dino-Liebhaber entwickelt.

Wer hat seit Filmen wie „Planet der Monster" oder spätestens seit „Jurrasic World" nicht schon einmal davon geträumt, selbst in den Spuren von echten Dinosauriern zu laufen? Ein paar Kilometer außerhalb von Tumbler Ridge habe auch ich mir diesen Traum erfüllt. Mehrere gut ausgeschilderte und einfache Wander- und Spazierwege machen es möglich.

Die prominentesten Abdrücke fand ich am Flatbed Creek und am benachbarten Wolverine River, und ich hatte fast den Eindruck, die Riesentiere seien erst vor Kurzem dort vorbei gehüpft. Manche der Spuren wurden mit weißer Farbe markiert, damit man sie besser erkennt, bei anderen braucht man ein wenig Fantasie, um sie als solche zu identifizieren. Einige Abdrücke können Sie auf eigene Faust erkunden, andere im Rahmen von geführten Touren. Manche sind äußerst selten: Von der Gattung der Tyrannosaurus etwa wurden weltweit bislang nur drei Spuren gefunden, die aus mehreren Abdrücken bestehen. Alle drei befinden sich in der Region. Sie sind Teil von rund 40 Knochenfeldern, die man rund um Tumbler Ridge mittlerweile aufgetan hat.

Das Zentrum aller urgeschichtlichen Aktivitäten von Tumbler Ridge ist das Dinosaur Discovery Centre, ein schönes Museum im Dorf, in dem man allerlei Dino-Skelette und Fossilien genauer betrachten und auch mehr über die verschiedenen Fußabdrücke lernen kann. Hier beginnen auch die geführten Touren. Dino-Fans sollten sich diesen Ausflug nicht entgehen lassen!

Tyrannosaurus Rex

Einst stapften Dinosaurier durch die dramatischen Landschaften im Norden von British Columbia.

INFO

Lage: Tumbler Ridge liegt 400 km nordöstlich von Prince George oder 120 km südlich von Dawson Creek. Mit dem Auto braucht man von Prince George etwa 5 Std., von Dawson Creek etwa 1,5 Std. GPS: 55.125795, -120.993154.

Anfahrt: Von Prince George nehmen Sie den Highway 97 nach Norden und fahren rund 300 km. Hinter der Ortschaft Chetwynd geht es zum Highway 29 in Richtung Tumbler Ridge. Wenn Sie nach rund 90 km Fahrt schließlich die Ausläufer des Orts erreichen, fahren Sie links in den Mackenzie Way, dann nach 2 km rechts in den Murray Drive. Dort befindet sich die Dinosaur Discovery Gallery; 255 Murray Drive, Tel.: +1 250 242 3466, *trmf.ca*

Öffnungszeiten: Geöffnet von Juni bis September von 9 bis 17 Uhr, Ruhetage sind Dienstag und Mittwoch.

Eintritt: 8 CAD für Erwachsene, 3 CAD für Kinder.

Aktivitäten:

- An der Dinosaur Discovery Gallery werden geführte Touren angeboten. Die Tour zum Flatbed Creek dauert etwa 2 Std. und kostet 20 CAD pro Erwachsenen. Durchgeführt wird die Führung von Donnerstag bis Montag, jeweils um 10 und 14 Uhr.
- Wer die Fußabdrücke auf eigene Faust erkunden will, der fährt vom Museum zurück auf den Mackenzie Way und den Highway 29, fährt dort nach links bis nach 400 m auf der rechten Seite ein Parkplatz auftaucht. Der Weg zum Flatbed Creek beginnt links von einem großen Schild. Nach etwa 1 km zu Fuß erreichen Sie eine Weggabelung, an der Sie sich rechts halten. Nach weiteren 500 m, zum Teil über Felsgestein, sind das Flussufer und die Dinosaurier-Spuren erreicht. Zurück geht es auf dem selben Weg.

Unterkünfte: Der Monkman RV Park liegt etwa 3 km nördlich von Tumbler Ridge mit Blick auf den Murray River. Er hat das ganze Jahr über geöffnet und bietet 54 Stellplätze mit Strom, 32 CAD pro Nacht; 103 Ridge Road, Tel.: +1 250 257 7275, *facebook.com/p/Monkman-RV-Park-100057101484280*

Websites:

- *trmf.ca*
- *visittumblerridge.ca*

42. KINUSEO FALLS: DIE NIAGARA FALLS DES NORDENS

Die Niagara Falls kennt jeder, aber schon mal von den Kinuseo Falls gehört? Nein? Da sind Sie nicht allein! Denn die spektakulären Wasserfälle, die im Nordosten von British Columbia liegen, kennen fast nur Liebhaber, und das obwohl sie einige Meter höher sind als ihre weltbekannten Geschwister (wenn auch vielleicht nicht ganz so breit und vielseitig).

Schuld daran ist ein Druckfehler. Als der Landvermesser Robert Jones die Fälle im Jahr 1906 im Auftrag der Eisenbahngesellschaft Grand Trunk Pacific Railway erstmals vermaß, bezifferte er ihre

Gewaltige Wassermassen rauschen den Murray River hinunter.

Höhe auf 215 Fuß (65,50 Meter). Doch auf den gedruckten Karten wurde die Ziffer 1 vergessen, und so glaubte man zunächst, die Fälle mäßen nur 25 Fuß (7,60 Meter).

Irgendwie muss sich dieser Irrtum lange gehalten haben, denn außer den Cree-Ureinwohnern und ein paar Pionieren auf Pferden machten sich lange nur wenige Menschen auf den Weg dorthin. Daran hat sich bis heute nicht viel geändert. Die Kinuseo Falls liegen relativ abgelegen in den nördlichen Ausläufern der Rocky Mountains, weit entfernt von den Rennstrecken der Touristen. Trotzdem sind sie leicht zu erreichen. Die Wasserfälle gehören zum Monkman Provincial Park und liegen unweit der Gemeinde Tumbler Ridge (siehe Tipp 41). Man kann sogar mit dem Auto direkt

hinfahren und sie bequem von diversen Aussichtspunkten aus bestaunen. Allerdings empfehle ich gute Reifen, denn große Teile der Strecke führen über Schotter.

In der Sprache der Cree heißt Kinuseo übrigens „Fisch“ und dieser Name ist kein Zufall. Gemeint sind damit die vielen Forellen, die sich unterhalb der Fälle im Murray River tummeln, weil sie die Fälle nicht überwinden können. Für Angler ist das natürlich praktisch. Aber auch Besucher, die sich für die Erdgeschichte interessieren, kommen auf ihre Kosten.

Denn über den Fällen kann man einmalige Gesteinsfalten bewundern, die sich wie ein riesiges „S“ in die Felsen gequetscht haben. Sie stammen aus der Trias-Epoche vor 250 Millionen Jahren, als sich der damalige Meeresboden unweit des Superkontinents Pangea zu heben begann und die heutigen Rocky Mountains formte. Auch die Fälle waren einst so entstanden.

Womit wir wieder bei der Höhe der Fälle wären. Die Erosion nagt stetig am Flussbett und ihren Klippen, weswegen die Fälle jedes Jahr um Bruchteile eines Grades flacher werden. Irgendwann in

Besonders beeindruckend ist der Blick auf die Fälle vom Boot aus.

sehr ferner Zukunft wird das Wasser nicht mehr frei in die Tiefe rauschen, sondern gemächlich über Terrassen nach unten mäandern. Doch keine Sorge, bis dahin bleibt noch viel Zeit!

INFO

Lage: Der Monkman Provincial Park liegt etwa 65 km südwestlich der Ortschaft Tumbler Ridge oder 183 km südwestlich von Dawson Creek. Mit dem Auto fährt man etwa 1,5 Std von Tumbler Ridge. Von Dawson Creek sind es etwa 2,5 Std. GPS: 54.78474, -121.1901497.

Anfahrt: Von Tumbler Ridge nehmen Sie den Highway 52 nach Süden. Nach etwa 14 km geht es rechts in die Murray River Forest Service Road. Der geteerte Teil der Straße endet nach 3 km. Danach geht es 48 km auf Schotter weiter, Schilder weisen den Weg zum Monkman Provincial Park. Kurz hinter dem Eingang des Parks biegt ein schmaler Weg nach rechts ab zu den Wasserfällen. Dort befinden sich Parkplätze und Picknicktische.

Öffnungszeiten: Der Park hat zwischen Mitte Mai und Ende September geöffnet, allerdings ist die Zufahrtsstraße in Randzeiten manchmal nicht befahrbar.

Eintritt: Der Eintritt ist frei. Campen kostet 20 CAD pro Platz und Nacht.

Aktivitäten: Besucher können die Wasserfälle auch im Rahmen einer geführten Tour erreichen. Wild River Adventure Tours bringt Gäste mit einem Jetboot über den Murray River bis an die Basis der Fälle. Die Touren beginnen in Tumbler Ridge und dauern 4 Std. Kosten pro Person 225 CAD pro Person, bei mindestens 4 Teilnehmern,
Tel.: +1 780 830 8848, *wildrivertours.ca*

Unterkünfte: Im Park gibt es unweit der Wasserfälle einen kleinen Campingplatz mit 20 Einheiten für Zelte und Wohnmobile. Die Plätze sind nicht reservierbar und werden nach dem first-come-first-serve-Prinzip vergeben. Weitere Zeltplätze für Wanderer befinden sich im Hinterland des Parks.

Website: *bcparks.ca/monkman-park*

Wandern in den Bugaboo Mountains

Die Berge

Die Berge

43. Lussier Hot Springs: Verborgene Quellen in den Rocky Mountains
44. Bugaboo Mountains: Wandern unter Felsnadeln
45. Kootenay National Park: Entlang der Rockwall im alpinen Hochland der Rockies
46. Yoho National Park: Über den Iceline Trail zum alten Chalet der Canadian Pacific Railway
47. Lake O'Hara: Eine Busfahrt zur Seele Kanadas
48. Mount Assiniboine: Zum Matterhorn der Rocky Mountains
49. Meadows in the Sky Parkway: Straße ins Wildblumenparadies
50. Berg Lake: Die spektakuläre Nordseite des Mount Robson

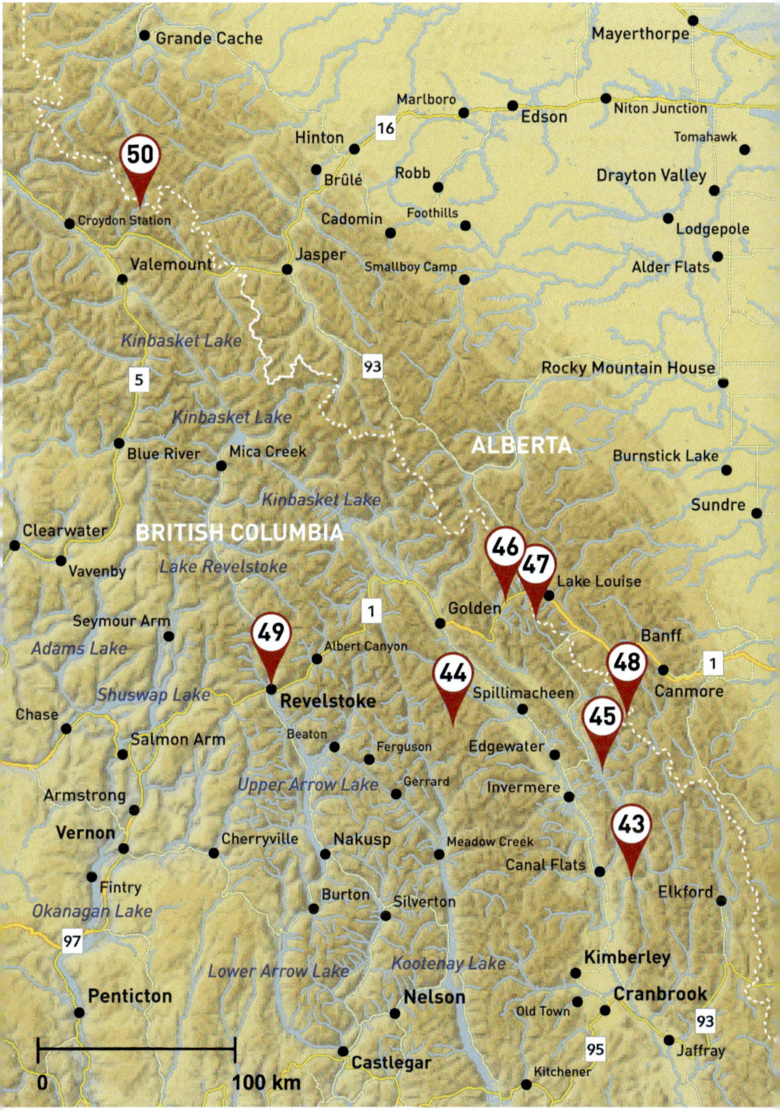
Grande Cache
Mayerthorpe
Marlboro
Edson
Niton Junction
16
Hinton
Tomahawk
50
Brûlé
Robb
Drayton Valley
Croydon Station
Cadomin
Foothills
Lodgepole
Jasper
Valemount
Smallboy Camp
Alder Flats
Kinbasket Lake
93
5
Rocky Mountain House
Kinbasket Lake
Blue River
Mica Creek
ALBERTA
Burnstick Lake
Kinbasket Lake
Sundre
Clearwater
BRITISH COLUMBIA
46
47
Vavenby
Lake Revelstoke
Lake Louise
1
Golden
Seymour Arm
49
Banff
Adams Lake
Albert Canyon
48
1
44
Canmore
Shuswap Lake
Revelstoke
Spillimacheen
45
Chase
Salmon Arm
Beaton
Ferguson
Edgewater
Upper Arrow Lake
Gerrard
Invermere
Armstrong
43
Vernon
Cherryville
Nakusp
Meadow Creek
Canal Flats
Fintry
Elkford
Burton
Silverton
Okanagan Lake
97
Kootenay Lake
Lower Arrow Lake
Kimberley
Penticton
Nelson
Cranbrook
Old Town
93
95
Jaffray
0
100 km
Castlegar
Kitchener

43. Lussier Hot Springs: Verborgene Quellen in den Rocky Mountains

Vor ein paar Jahren war ich auf dem Kootenay Highway 95 unterwegs, als ich unweit der Gemeinde Canal Flats am Straßenrand ein unscheinbares Schild entdeckte. „Whiteswan Lake" stand darauf geschrieben mit einem Pfeil nach links und mir war gerade nach einer Mittagspause. Also bog ich spontan ab in Richtung See und folgte einer Schotterstraße.

Was ursprünglich nur als kurze Pause gedacht war, wurde ein halber Tag. Denn der Abstecher war mehr, als ich mir das vorgestellt hatte. Die Forststraße wurde schon bald zu einer Waschbrettpiste, auf der es zum Teil nur im Schritttempo voranging, über Stock und über Stein. Dann nach einer halben Stunde tauchte ein geparkter Truck am Straßenrand auf.

War hier der See? Wie sich herausstellen sollte, war der noch ein paar Kilometer entfernt. Dafür sollte ich ein viel besseres Ziel entdecken … Ich parkte mein Auto und stieg hinab zu einem Gebirgsbach mit dem Namen Lussier River, und siehe da – am Ufer des Sees sprudelte heißes Wasser aus ein paar Spalten und sammelte sich in einem Becken aus Felsgestein. Heiße Quellen in den Rocky Mountains! Ich schnappte mir meine Badehose und so wurde aus einer kurzen Mittagspause ein erholsamer Nachmittag. Außer mir war übrigens nur noch der Truckfahrer mit einer Begleiterin zugegen, und das sollte auch so bleiben in den Stunden, die noch kamen.

Zugegeben, nicht immer ist es so einsam an den Lussier Hot Springs, die offiziell zum nahen Whiteswan Lake Provincial Park gehören. An der Parkbucht an der Schotterpiste gibt es zwei Plumpsklos und Umkleidekabinen, und an den Wochenenden besuchen immer wieder auch *locals* die heißen Quellen.

Natürliche Felsbecken machen die Lussier Hot Springs aus.

Im Vergleich zu den im Sommer oft überlaufenen Rocky-Mountain-Hotsprings in Banff, Jasper oder Radium sind diese hier die reinste Wildnis. Das Wasser kann bis zu 43 Grad Celsius heiß werden, ist aber starken natürlichen Schwankungen unterworfen und kann zwischendurch auch Mal abkühlen. Ich übernehme also keine Garantie!

Wenn Sie hartgesotten sind, dann können Sie es halten wie ein waschechter *local*: Erst wärmen Sie sich ausgiebig in den Pools auf, danach tauchen Sie zur Abkühlung Ihre Füße (oder auch mehr) in den eisigen Fluss aus Gletscherwasser, jedenfalls dann, wenn die Strömung nicht zu stark ist. Mehr Kneipp geht nun wirklich nicht!

Aus den Felsbecken haben Sie einen schönen Blick auf den Lussier River.

INFO

Lage: Die Lussier Hot Springs liegen im Whiteswan Lake Provincial Park etwa 80 km südlich von Radium Hot Springs oder 220 km südlich von Banff. GPS: 50.1351515, -115.5767854.

Anfahrt: Von Radium Hot Springs fahren Sie den Kootenay Highway 95 nach Süden und zwar 66 km lang. An einem Schild in Richtung Provinzpark geht es links ab in die Whiteswan Lake Forest Road, der man etwa 18 km bis zu den heißen Quellen folgt. Bis zum Whiteswan Lake sind es von dort weitere 5 km. Achtung: Die Piste kann rau sein und ist für sehr große Wohnmobile nicht geeignet. Stellen Sie sicher, dass Sie gute Ersatzreifen dabeihaben.

Öffnungszeiten: Die Quellen sind ganzjährig nutzbar und auch im Winter ein tolles Erlebnis. Vorsicht ist allerdings geboten. Der Fußweg von der Piste zu den Quellen sowie die Felsen rund um die Quellen können im Winter sehr rutschig sein.

Eintritt: kostenlos

Aktivitäten: Im Park gibt es einen 8 km langen Wanderweg, der vom Whiteswan Lake zum Alces Lake führt. Der North Shore Trail verläuft über große Strecken durch einen Douglasien-Wald immer am Seeufer entlang. Startpunkt ist am Basin Campground am Nordende des Sees.

Unterkünfte: Im Whiteswan Lake Provincial Park befinden sich mehrere sehr schöne Campingplätze mit insgesamt 114 Stellplätzen, einige davon direkt am Seeufer. Besonders beliebt ist der Home Basin Campground am Nordende des Whiteswan Lake. Der Platz hat von Anfang Mai bis Ende September geöffnet. Reservierungen sind nicht möglich, es gilt das Prinzip first-come-first-serve, 23 CAD pro Stellplatz und Nacht, es gibt Plumpsklos.

Website: *bcparks.ca/whiteswan-lake-park*

44. Bugaboo Mountains: Wandern unter Felsnadeln

Die Kanadier nennen sie zuneigungsvoll „Bugs". Womit nicht etwa Mücken oder sonstiges Ungeziefer gemeint sind, wie es eine wortwörtliche Übersetzung nahelegen würde. Bugs steht für Bugaboos, eine Bergkette in den Purcell Mountains, die bei Alpinisten und Skifahrern wegen ihrer dramatischen Gletscher und Felsnadeln wahren Kultstatus haben.

Wanderungen in den Bugaboos führen immer wieder an Schnee- und Eisfeldern vorbei.

Der Name Bugaboos geht zurück auf die ersten europäischen Prospektoren und meint so viel wie „Schreckgespenst". Für viele sind sie das bis heute, denn die Bergkette im Südosten von British Columbia fordert Besuchern einiges ab und gehört mit zu dem Wildesten und Abenteuerlichsten, das Sie als Skifahrer, Bergsteiger oder Bergwanderer in Kanada erleben können.

Mich erinnern die zackigen Felsspitzen, die spektakulär abfallenden Steilwände und hängenden Gletscher der Bugaboos teilweise an die Dolomiten – nur noch viel wilder und einsamer. Viele Gipfel sind entlegen, gut und gerne 3000 Meter hoch und umgeben von riesigen Eisfeldern, alpinen Hochplateaus und schroffen, einsamen Tälern, die nur wenige Menschen je besuchen.

Doch Sie wollten ja, dass ich Sie zu den weniger ausgetretenen Pfaden führe, richtig? Der Weg in den Bugaboo Provincial Park führt entweder über eine 45 Kilometer lange Forststraße, oder Sie fliegen ganz bequem in einem Hubschrauber dorthin. Letztere Option ist nicht ganz billig, aber gerade für weniger ausgefeilte Wanderer ist das Heli-Hiking eine sichere Alternative.

Entstanden ist die Disziplin quasi als ein Nebenprodukt zum winterlichen Heli-Skifahren, das einst vom österreichischen Alpinisten Hans Gmoser in die Bugaboos gebracht wurde. Heute betreiben seine Nachfolger an der Grenze zum Park die Bugaboo Lodge, die sich ganz auf Heli-Skifahrer und – im Sommer – auf Heli-Hiker spezialisiert hat.

Der Hubschrauber ist dabei ein Teil des Outdoor-Vergnügens: Die Piloten bringen Sie von der Lodge aus an Orte, die Sie sonst kaum oder gar nicht erreichen würden. In entlegene Gebiete im Hochgebirge ohne markierte Wanderwege. Und sie sind stets zur Stelle, wenn es zu schwierig wird oder zu Fuß nicht weitergeht, sei es an einem Abhang oder einer Steilwand.

Die Bugaboo Lodge

Auf in die Wanderstiefel!

Nun sind Heli-Abenteuer in der Wildnis nicht jedermanns Sache, und das ist auch okay so. Man kann den Park nämlich auch ganz klassisch erkunden, auf einem normalen Wanderweg mit Schildern und Entfernungsmarkern. Die populärste Tagestour führt zur Conrad Kain Hut, die zum Alpine Club of Canada gehört, so etwas wie dem kanadischen Alpenverein. Die Tour ist gut neun Kilometer lang, zum Teil recht steil und mit Steigleitern. Insgesamt geht es dabei mehr als 700 Höhenmeter rauf und auf dem Rückweg wieder runter. Doch die sensationellen Ausblicke auf die bizarren Felsnadeln und allumfassenden Gletscherfelder der Bugaboos entschädigen für die Mühe. Es sind Eindrücke, die Sie nie vergessen werden!

Die Conrad-Kain-Hütte in den Bugaboos

INFO

Lage: Der Einstieg zum Bugaboo Provincial Park liegt etwa 77 km südlich der Stadt Golden oder 28 km nordwestlich von Radium Hot Springs. GPS: 50.8175258, -116.8522904.

Anfahrt: Von Radium Hot Springs fahren Sie rund 28 km auf dem Highway 95 nach Norden bis zum Weiler Brisco. Dort geht es links in die Brisco Road, auf der man 5 km lang bleibt. Dann folgt ein Abzweig in die Bugaboo Creek Road, auf der Sie rund 40 km fahren bis zu einem Parkplatz am Ende der Straße. Achtung: Die Forststraße ist rau, voller Schlaglöcher und nur für robuste oder geländegängige

Autos geeignet. Wohnmobile sind fehl am Platz. Falls Sie in der Bugaboo Lodge wohnen, werden Sie in Brisco mit dem Hubschrauber abgeholt.

Öffnungszeiten: Der Park ist ganzjährig geöffnet, für Wanderer ist aber nur der Hochsommer von Juli bis Anfang September geeignet.

Eintritt: kostenlos

Aktivitäten: Vom Parkplatz am Ende der Bugaboo Creek Road führt ein exzellent ausgebauter, gut beschilderter, aber steiler Wanderweg zur Conrad Kain Hut. Je nach Tempo braucht man für die 9,2 km hin und zurück zwischen 5 und 8 Std. Wer genügend Kondition hat, der kann von der Hütte noch 1 km und 200 Höhenmeter weiterwandern. Dann erreicht man einen einfachen Zeltplatz auf den Felsplatten des Applebee Dome, wo es sich anfühlt wie auf dem Dach der Welt. Achtung: Hier oben liegt noch weit bis in den Sommer hinein Schnee!

Unterkünfte:

- Wanderer und Bergsteiger können in der Conrad Kain Hut auch übernachten. Die Hütte ist einfach mit gemeinschaftlichen Schlafzimmern für bis zu 35 Personen. In der Hütte gibt es eine gut ausgestattete Küche mit kaltem und warmem Wasser und Kochmöglichkeiten. Besucher müssen alle Übernachtungsutensilien selbst mitbringen, ab 25 CAD pro Person und Nacht. In den Sommermonaten sind Reservierungen empfohlen; Tel.: +1 403 678 3200, *alpineclubofcanada.ca/hut/conrad-kain-hut*
- Die Bugaboo Lodge von Canadian Mountain Holidays hat 32 Zimmer und bietet Komplettpakete für Wanderer inkl. Unterkunft, allen Mahlzeiten und Wanderausflügen mit dem Helikopter. Vier Tage Heli-Abenteuer kosten inkl. Anreise ab Banff, Lake Louise oder Calgary und Zubringerflug per Hubschrauber 5200 CAD pro Person im Doppelzimmer; Tel.: +1 403 762 7100, *cmhsummer.com/bugaboos*

Website: *bcparks.ca/bugaboo-park*

45. Kootenay National Park: Entlang der Rockwall im alpinen Hochland der Rockies

Wozu eine Pleite doch gut sein kann ... Denn ohne die hätte es den Kootenay National Park wohl nie gegeben. Der 1406 Quadratkilometer große Park entstand im Jahr 1920 nämlich als eine Art Zufallsprodukt, weil die Regierung von British Columbia seinerzeit kein Geld für eine dringend benötigte neue Passstraße durch die Rocky Mountains hatte.

Also überließ sie der Zentralregierung in Ottawa den Bau des Kootenay Parkway, einen 94 Kilometer langen Highway, der die Rockies am 1651 Meter hohen Vermilion Pass überquert. Als Dankeschön schenkte British Columbia der Regierung einen sechs Kilometer breiten Streifen Wildnis rechts und links der Straße – und schon war der neue Nationalpark geboren.

Vielleicht hat es mit dieser Zufallsgeburt zu tun, dass der Park bis heute im Schatten der bekannteren Parks von Banff und Jasper steht. Dabei gehört Kootenay genauso zum Weltnaturerbe und hat Besuchern genauso viel zu bieten: spektakuläre Gebirgslandschaften, idyllische Seen, atemberaubende Wasserfälle, heiße Quellen, ikonische Grizzlybären.

Der Wanderweg schlängelt sich parallel zur Rockwall durch die Wildnis.

Von der Anhöhe am Rockwall Pass sehen Sie bereits den nächsten Pass am Tumbling Creek.

Höhepunkt des Parks ist für mich der Rockwall Trail, ein spektakulärer Wildnis-Wanderweg, der zu den schönsten der Rocky Mountains gehört. Er ist 55 Kilometer lang und ein Muss für passionierte Wanderer. Wer die volle Route erleben will, der sollte sich drei bis vier Tage Zeit nehmen und im Zelten erfahren sein. Aber auch Tagestouren zu einzelnen Abschnitten sind möglich.

Der Weg beginnt an den Paint Pots in Norden des Parks. Die drei runden Teiche weisen bemerkenswerte rote und orangene Flecken auf, die durch sauerstoffhaltige Quellen hervorgerufen werden. Danach steigt der Weg steil an und erreicht nach 15 Kilometern die rauschenden Helmet Falls, die mit 300 Metern zu den höchsten Wasserfällen in Kanada gehören.

Tageswanderer kehren von hier zur Straße zurück. Für Wildniscamper dagegen beginnt nun das Abenteuer. Ab jetzt geht es ins spektakuläre alpine Hochland der Vermilion Range zur Rockwall, einer Kette von mächtigen, kambrischen Kalksteinfelsen. Dabei geht es immer auf und ab, über mehrere Bergpässe, vorbei an glitzernden Seen, tiefen Schluchten und Gletschern. Wunderschön sind auch die Lärchenwälder, die sich im Spätsommer und Herbst in ein wahres Festival der Farben verwandeln. Im Sommer sprießen auf den Hochebenen unter der Rockwall bunte Wildblumen aller Art. Übernachtet wird auf Zeltplätzen der Parkbehörde, die allesamt herrlich gelegen sind: Helmet Falls, Tumbling Creek, Numa Creek und Floe Lake.

Keiner der Seen im Park ist jedoch so schön wie der Floe Lake, der am Ende der Route auf 2040 Metern Höhe thront. Dieser See entschädigt für alles! Für die schweißtreibenden Stunden, die schmerzenden Muskeln, die Blasen an den Füßen. Ein letztes Mal spiegelt sich hier im tiefblauen Wasser die Rockwall, die vom Seeende aus fast 1000 Meter steil in die Höhe ragt.

Den Floe Lake können Sie übrigens auch mit einer Tageswanderung vom Kootenay Parkway aus erreichen, allerdings brauchen Sie dafür ordentlich Puste. Der Aufstieg ist anstrengend und anspruchsvoll. Insgesamt geht es über elf Kilometer und 730 Höhenmeter nach oben und Sie sollten hin und zurück sechs bis acht Stunden einplanen.

Eine Hängebrücke auf dem Rockwall Trail

INFO

Lage: Das Nordende des Kootenay National Park liegt etwa 40 km westlich von Banff entlang des Kootenay Parkway (oder Highway 93). Der nächst gelegene Ort Radium Hot Springs liegt am Südausgang des Parks und bietet Versorgungsmöglichkeiten wie Geschäfte, Tankstellen, RV-Plätze und Hotels. GPS: 50.6200385, -116.0733586.

Anfahrt: Der Startpunkt für den Rockwall Trail befindet sich am Paint Pots-Parkplatz etwa 9 km hinter der nördlichen Parkgrenze am Highway 93. Wer zum Floe Lake aufsteigen will, der fährt nochmal 13 km weiter zum Parkplatz Floe Lake-Hawk Creek.

Öffnungszeiten: Der Park ist ganzjährig geöffnet. Im Besucherzentrum in Radium Hot Springs können Sie auch Zeltplätze auf dem Rockwall Trail buchen. Die Wanderung empfiehlt sich je nach Wetterlage zwischen Ende Juni und Mitte September. Das Besucherzentrum ist von Anfang Mai bis Mitte Oktober geöffnet von 9 bis 17 Uhr, 7556 Main Street E, Radium Hot Springs.

Eintritt: 11 CAD für Erwachsene, Kinder sind frei. Camping am Rockwall Trail kostet 13,50 CAD pro Person und Nacht, dazu kommt eine Reservierungsgebühr von 11,50 CAD pro Buchung. Die Zeltplätze sind oft ausgebucht, Reservierungen: *reservation.pc.gc.ca*

Aktivitäten:

- Der Rockwall Trail ist anstrengend und für Wanderer mit guter Kondition und Erfahrung geeignet. Insgesamt sind 2600 Höhenmeter zu bewältigen! Tagestouren zu Teilabschnitten führen zu dem Helmet Falls oder dem Floe Lake. Weitere Wanderungen in anderen Teilen des Parks führen zum Stanley Glacier (9 km, 3 Std., 380 Höhenmeter) oder zum Marble Canyon und den Paint Pots (7 km, 2 Std., 40 Höhenmeter).
- Populär sind die heißen Thermalquellen am Südende des Parks. Der Pool ist zwischen 37 und 40 Grad heiß und hat ganzjährig geöffnet, 17,50 CAD pro Person. Er liegt außerhalb des Ortes Radium Hot Springs; 5420 Highway 93, *hotsprings.ca/radium*

Unterkünfte: Für Autos und Wohnmobile bietet der Park einen Campingplatz nahe Radium Hot Springs. Der Redstreak Campground hat Stellplätze mit und ohne Elektrizität, 30,50 bis 42,50 CAD die Nacht.

Website: *parks.canada.ca/pn-np/bc/kootenay*

46. Yoho National Park: Über den Iceline Trail zum alten Chalet der Canadian Pacific Railway

Schon für die Cree-Ureinwohner waren die gewaltigen Bergmassive und Gletscher rund um den Kicking Horse River in den Rocky Mountains von besonderer Schönheit. „Yoho" tauften sie die spektakulären Landschaften an der Grenze der heutigen Provinzen Alberta und British Columbia, frei übersetzt: der Ort der Ehrfurcht und des Erstaunens.

Massive Eisfelder und Gletscher prägen die Wanderwege im Yoho Valley.

Auf dem Iceline Trail

Dieser Name gilt noch heute – und könnte für mich treffender kaum sein. Der Yoho National Park besticht durch wilde Landschaften, atemberaubende Gipfel, riesige Eisfelder und gehört zu den Höhepunkten jedes Kanada-Urlaubs. Die Postkartenmotive vom tiefgrünen Emerald Lake oder den rauschenden Takkakaw Falls finden sich in jedem Kanada-Bildband.

Für mich ist der kleinste der Nationalparks in den kanadischen Rocky Mountains auch der schönste. Doch diese Prominenz hat eine Kehrseite. Im Sommer sind viele Parkplätze überlaufen, die Campingplätze sind proppenvoll, die Preise für Leihkanus schießen in die Höhe und der Rummel ist manchmal kaum noch zu bewältigen. Was also tun?

Mein Vorschlag: Schnappen Sie sich Ihren Wanderrucksack und nehmen Sie sich ein oder zwei Tage Zeit für ein authentisches Parkerlebnis, das Sie über einen der spektakulärsten Höhenwanderwege der Rocky Mountains zum Twin Falls Chalet führt, einer denkmalgeschützten Hütte aus der glorreichen Zeit der Canadian Pacific Railway. Iceline Trail heißt der Wanderweg, der Sie schnell in die Wildnis führt. Insgesamt 23 Kilometer und 700 Höhenmeter sind auf dem Rundparcours zum Chalet zu bewältigen. Wer fit und erfahren ist, der schafft das an einem Tag. Wer sich mehr Zeit lassen will, der packt sich ein Zelt auf den Rücken. Auch Tageswanderungen zu den schönsten Abschnitten sind möglich.

Das Abenteuer beginnt am Parkplatz der Whiskey Jack-Jugendherberge im Yoho Valley. Die ersten 2,5 Kilometer geht es steil nach oben, dann haben Sie den Höhenweg erreicht. Ab hier wandern Sie mitten durch die Gletschermoränen des Emerald Glacier hindurch, immer auf der Höhe entlang, die rasant abfallenden Klippen stets im Blick. Nach knapp sechs Kilometern erreichen Sie eine Wegga-

Das Twin Falls Chalet ...

... steht unweit der Twin Falls, einem Paar spektakulärer Wasserfälle.

belung. Tageswanderer kehren von hier aus zurück oder steigen über den Celeste Lake ins Yoho Valley ab und erreichen so den Parkplatz. Wer ambitioniert ist, der läuft weiter und erreicht nach einigen Abzweigungen und anstrengenden 7,5 Kilometern den Höhepunkt: den Doppelwasserfall Twin Falls. Es ist der spektakulärste Wasserfall des Parks, den nur vergleichsweise wenige Besucher erreichen.

An den Fällen teilt sich das Schmelzwasser des Wapta Icefields in zwei getrennte Arme, die hier über 80 Meter in die Tiefe stürzen. Nur ein paar Minuten weiter steht das Twin Falls Chalet. Die rustikale Blockhütte wurde 1923 von der kanadischen Eisenbahngesellschaft als Unterkunft und Raststätte erbaut für die allerersten Besucher des Parks, als an Massentourismus noch nicht zu denken war. Heute steht es da als Denkmal aus der Zeit des frühen Bergtourismus.

Vom Chalet geht es über den Twin Falls Trail zurück zum Parkplatz. Bitte besorgen Sie sich eine Wanderkarte und informieren sich im Besucherzentrum am Trans-Canada Highway, bevor Sie die lange Tour in Angriff nehmen. Manche Abzweige sind knifflig, manche Brücken nach schneereichen Wintern instabil. Doch Sie werden begeistert sein!

INFO

Lage: Das Besucherzentrum des Yoho National Park liegt etwa 90 km östlich von Banff direkt am Trans-Canada Highway. GPS: 51.3980359, -116.491789.

Anfahrt: Den Startpunkt für den Iceline Trail erreichen Sie über die Yoho Valley Road, die 5 km östlich des Örtchens Field vom Trans-Canada Highway abzweigt. Die enge Straße ist von Ende Juni bis Anfang Oktober geöffnet und 14 km lang. Am Ende nahe der Takakkaw Falls gibt es einen Parkplatz, von dort sind es nur ein paar Min. zum Whiskey Jack Hostel, wo die Wanderung beginnt.

Öffnungszeiten: Das Besucherzentrum ist von Mai bis Oktober geöffnet, eine Wanderung auf dem Iceline Trail empfiehlt sich von Juli bis Anfang September.

Eintritt: Der Eintritt in den Park kostet 11 CAD pro Person und Tag. Kinder unter 18 Jahren sind frei.

Aktivitäten: Die beschriebene Rundwanderung ist anstrengend und für erfahrenere Wanderer geeignet. Die meisten nehmen sich zwei Tage Zeit und übernachten unterwegs auf einer Campsite. Vom Parkplatz gibt es aber auch kürzere Tageswanderungen, die Sie entweder direkt zu den Twin Falls führen (16 km hin und zurück, 6 Std.) oder auf den Summit des Iceline Trail (13 km hin und zurück, 5 Std.). Im Besucherzentrum und auf der Webseite des Parks finden Sie ausführliches Kartenmaterial.

Unterkünfte:

- Im kleinen Nationalparksdorf Field gibt es persönlich gehaltene Guesthouses und Chalets verschiedener Kategorien und Preisklassen, die im Sommer jedoch schnell ausgebucht sind. Früh reservieren! *field.ca/accommodations/*
- Unweit des Chalets befindet sich eine kleine Campsite für acht Zelte, 13,50 CAD pro Person und Nacht, plus 11,50 CAD Reservierungsgebühr. Die Stellplätze können online reserviert werden: *reservation.pc.gc.ca*

Website: *parks.canada.ca/pn-np/bc/yoho*

47. Lake O'Hara: Eine Busfahrt zur Seele Kanadas

Lange habe ich mir überlegt, ob ich den folgenden Tipp in dieses Buch aufnehme. Denn der Lake O'Hara gehört wie die Tour im vorherigen Kapitel zum populären Yoho National Park und abseits der üblichen Pfade liegt er nur bedingt. In den Sommermonaten fährt sogar ein Bus an den See – theoretisch müssten Sie sich also nicht einmal ihre Wanderschuhe anziehen.

Der Lake O'Hara gehört zu den schönsten Bergseen in Kanada.

Trotzdem gehört dieser See in dieses Buch, und das aus zweierlei Gründen: Erstens ist es gar nicht so leicht, eines der wenigen Bustickets zu ergattern, denn der Zugang zum Lake O'Hara wird von der Nationalparkbehörde strikt begrenzt und eine öffentliche Straße gibt es nicht. Zweitens hat dieser einmalige See für viele Kanadier eine geradezu mystische Bedeutung.

Das hat mit den atemberaubenden Hochtälern und Wildniswiesen rund um den See zu tun, die für mich zu den schönsten in den Rocky Mountains gehören und die mich bis heute jedes Mal sprachlos machen. Vergessen Sie Banff oder Lake Louise, rund um den Lake O'Hara ist für mich die Seele Kanadas zu finden. Hier sind die Rocky Mountains noch authentisch und echt.

Blockhütten am Lake O'Hara, als Gemälde ...

Fast ist es wie in den frühen Gründerjahren Kanadas. Schon vor über 100 Jahren hatten sich Schriftsteller vom Lake O'Hara inspirieren lassen und Künstler hatten dort ihre Staffeleien aufgebaut. Mit ihren Werken hatten sie den See schon früh bis in die fernen Großstädte getragen – als romantisches Abbild der Wildnis und Sinnbild der jungen Nation. Maler wie James Edward Hervey MacDonald haben die Rocky Mountains so bekannt gemacht, zu einer Zeit, als nur Wenige sich eine Reise dorthin leisten konnten. Sein Gemälde von den O'Hara-Hütten im Schneegestöber aus den zwanziger Jahren sind in Kanada ein Klassiker. Sie tauchen in Schulbüchern auf, in Magazinen, in Museen und Galerien im ganzen Land.

MacDonald gehörte zu der bis heute wohl bekanntesten kanadischen Künstlergruppe, der „Group of Seven". Deren romantische Landschaftsgemälde sind in Kanada längst zu Symbolen der nationalen Identität geworden wie das Ahornblatt oder der rot-uniformierte Polizist. Wenn Sie es auf Ihrer Reise bis zum Lake O'Hara schaffen, dann werden Sie verstehen, warum ...

... und in der Realität

Denn das Plateau rund um den Lake O'Hara bietet mehr als nur den einen See. Im Umkreis von fünf Kilometern finden Sie sage und schreibe 25 weitere, namentlich benannte Seen, viele davon im spektakulären alpinen Hochland.

Mittagspause am Lake McArthur

Alpinisten haben hier eines der besten Netzwerke an Höhenwanderwegen angelegt, die Sie in den Rocky Mountains finden können. Trotzdem ist es vor Ort praktisch nie überlaufen. In Reichweite des Sees gibt es nur eine kleine Lodge, ein paar rustikale Hütten des kanadischen Alpenvereins und einen einfachen Zeltplatz in der Wildnis. Zwei klapprige Schulbusse bringen Besucher zwei Mal am Tag hin – das war's. Am See werden Sie nur Leute treffen, die unbedingt dorthin wollten. Probieren Sie's aus!

INFO

Lage: Der Parkplatz und Ausgangspunkt für Reisen zum Lake O'Hara liegt im Yoho National Park kurz hinter der Provinzgrenze von Alberta und British Columbia unweit des Trans-Canada Highway. Von Banff sind es 70 km oder 1 Std. Fahrt. GPS: 51.4452469, -116.3298081.

Anfahrt: Aus Banff kommend fahren Sie auf dem Trans-Canada Highway nach Westen. Etwa 3 km hinter der Provinzgrenze biegen Sie links in die Lake O'Hara Access Road ab. Der Abzweig ist beschildert. Die schmale Straße führt über ein paar Bahngleise, und nach etwa 800 m auf Schotter erreichen Sie einen Parkplatz, an dem die Busse der Nationalparkbehörde starten.

Öffnungszeiten: Die Busse für Tagesbesucher zum Lake O'Hara fahren von Mitte Juni bis Anfang Oktober, zweimal täglich, und zwar um 8:30 und 10:30 Uhr. Für Gäste der Lake O'Hara Lodge oder Besucher mit Zelt und bestätigter Buchung gelten separate Abfahrtszeiten.

- Achtung: Für Tagesbesucher stehen nur 42 Bustickets täglich zur Verfügung, die online im Lotterieverfahren vergeben werden. Informieren Sie sich online über die Details; *reservation.pc.gc.ca*, Tel.: +1 877 737 3783

- Falls Sie keine Tickets bekommen, haben Sie noch zwei Chancen: 1. Finden Sie sich eine halbe Stunde vor Busabfahrt ein und melden Sie sich bei den Mitarbeitern der Parkbehörde. Falls Fahrgäste bestellte Tickets nicht abholen, werden diese an wartende Gäste ohne Reservierung weiterverkauft. 2. Wenn das nicht klappt, dann haben Sie noch die Möglichkeit, die 11 km lange Schotterstraße zum See zu Fuß zu laufen. Dafür gibt es keine Beschränkungen. Die Strecke ist langweilig, aber das Ziel lohnt sich ... Denken Sie nur daran, dass Sie wieder zurückmüssen. Für eine Rückfahrt per Bus brauchen Sie keine Reservierung, allerdings sind auch diese Touren oft voll (von Mitte Juni bis Oktober täglich um 14:30, 16:30 und 18:30 Uhr). Es bleibt also ein kleines Restrisiko und ggf. müssen Sie die 11 km wieder zurückwandern. Fahrräder sind auf der Straße nicht erlaubt.

Eintritt: Der Parkeintritt kostet 11 CAD pro Tag. Ein Rückfahrtticket für den Bus zum Lake O'Hara kostet 24 CAD. Dazu kommt eine Reservierungsgebühr von 4,50 CAD.

Aktivitäten: Am Lake O'Hara beginnen sensationell schöne Tagestouren. Am beliebtesten ist der Lake O'Hara Circuit, der um den See führt (2,8 km). Das für mich schönste Ziel ist der tiefblaue Gletschersee Lake McArthur (7 km retour). Die idyllischste Wanderung führt zu den bunten Lärchenwäldern auf dem Opabin Plateau (5,9 km retour).

Unterkünfte:

- Der Zeltplatz am See hat 30 Plätze und ist stets ausgebucht. Reservierungen werden ab einem jährlich wechselnden Stichtag im Online-Reservierungssystem von Parks Canada angenommen und sind dann sehr schnell vergriffen. 13,50 CAD pro Nacht plus 24 CAD für den Bus.
- Die Lake O'Hara Lodge bewirtschaftet 8 Zimmer und mehrere Blockhütten am See, zwischen 945 und 1335 CAD pro Nacht für zwei Personen im Doppelzimmer; Tel.: +1 250 343 6418, *lakeohara.com*

Website: *parks.canada.ca/pn-np/bc/yoho/activ/randonnee-hike/ohara/visit*

48. Mount Assiniboine: Zum Matterhorn der Rocky Mountains

Die Kanadier nennen ihn das „Matterhorn der Rockies" und das hat seinen Grund: Der 3618 Meter hohe Mount Assiniboine im gleichnamigen Park gleicht verblüffend seinem Schweizer Pendant. Wie eine gigantische, schneebedeckte Pyramide reckt sich der Berg in den Himmel an der Grenze zwischen den Provinzen British Columbia und Alberta.

Was man sonst noch wissen sollte über den Superberg? Der Mount Assiniboine ist der höchste Berg in den Rocky Mountains südlich des Columbia Icefield und gehört zum Weltnaturerbe. Er steht auf einer Hochebene umgeben von Bergwiesen und idyllischen Seen. Er wurde erstmals 1910 bestiegen und zwar angeführt von – wie könnte es anders sein – Schweizer Bergführern.

Allerdings macht es der spektakuläre Berg Besuchern nicht leicht. Anders als sein Schweizer Vorbild steht der Mount Assiniboine

Der Blick vom Nublet Summit auf den wolkenumschlungenen Mount Assiniboine

weit abseits der üblichen Besucherströme und ist nicht ganz ohne Aufwand zu erreichen. Es gibt keine öffentliche Straße, keine Bergbahn, keinen Lift, keine Ortschaften. Ganz zu schweigen von Souvenirshops, Imbissständen oder sonstigem Klamauk.

Wie also hinkommen? Besucher haben zwei Optionen. Die Luxusvariante: Sie steigen in Alberta in einen Hubschrauber und lassen sich bequem an den Fuß des Berges fliegen. Die mühseligere, aber vielleicht authentische Variante: Sie schnüren sich die Bergstiefel und wandern dorthin. Dafür gibt es mehrere Routen, die zwischen 25 und 30 Kilometer lang sind (siehe Kasten).

Achtung Grizzlybären! Machen Sie sich mit den Regeln für ein richtiges Verhalten in der Wildnis vertraut.

Auf jeden Fall sollten Sie mehrere Tage für einen Ausflug zum Mount Assiniboine einplanen, denn ein schnelles rein und raus wird der atemberaubenden Landschaft nicht gerecht. Einmal vor Ort können Sie rund um den Berg zwischen wunderbaren Wanderwegen wählen (siehe Kasten), die für mich zu den außergewöhnlichsten in den Rocky Mountains gehören.

Bleibt die Frage der Unterkunft. Auch hier gibt es eine Luxusvariante: Die Mount Assiniboine Lodge liegt mitten im Park unterhalb des Berges unweit des idyllischen Magog Lake und bietet im Sommer 60 Gästen Unterkunft. Errichtet wurde die im Blockhüttenstil gebaute Lodge samt Nebengebäuden im Jahr 1928. Damals war sie die erste Skihütte in ganz Nordamerika. Heute bietet die Lodge ein Wildnis-Erlebnis vom Feinsten, inklusive leckerer wie rustikaler Mahlzeiten und gemütlichen Betten mit Daunendecken. Wer es einfacher mag, der schläft in den Naiset oder Hind Huts, alten Outfitter-Hütten mit Stockbetten und Kaminofen. Viele Wanderer mögen auch die einfachen Zeltplätze des Mount Assiniboine Provincial Park.

Ein Rat zum Schluss. Buchen Sie früh, im Zweifel früher als früh. Meine persönliche Erfahrung ist: Die sehr knappen Betten und Zeltplätze rund um den Mount Assiniboine sind im Sommer praktisch immer ausgebucht. Am besten Sie kümmern sich schon im Vorjahr darum. Das klingt aufwendig, doch das frühe Planen lohnt sich!

INFO

Lage: Der Mount Assiniboine liegt im gleichnamigen Mount Assiniboine Provincial Park zwischen den Nationalparks Banff und Kootenay. Die nächsten Siedlungen sind Canmore in Alberta und Radium Hot Springs in British Columbia. GPS: 50.8694444, -115.650833.

Anfahrt:

- Die Anreise erfolgt per Hubschrauber vom Mount Shark Helipad in Kananaskis oder dem Alpine Heliport in Canmore. Gebucht wird der Hubschrauber über die Mount Assiniboine Lodge. Ein einfacher Flug kostet zwischen 215 und 245 CAD pro Person; Mount Assiniboine Lodge, Canmore, Tel.: +1 403 678 2883, *assiniboinelodge.com*
- Von Calgary erreichen Sie Canmore in 90 Min. über den Trans-Canada Highway. Zum Mount Shark Helipad sind es von Canmore nochmal 60 Min. über den Smith-Dorrien Trail, eine gut ausgebaute Schotterstraße (Highway 742).
- Am Mount Shark Helipad beginnt auch der populärste Wanderweg in den Park. Er ist 25,3 km lang und führt über den Bryant Creek-Assiniboine Pass Trail. Wanderer können den Park auch über das Skigebiet Sunshine Village im Banff National Park erreichen. Dazu nehmen Sie im Sommer zunächst den Busshuttle von Banff zur Talstation des Skigebiets, dann die Gondel. Von der Bergstation sind es 27,5 km über den Citadel Pass. Beide Zugänge sind nicht besonders schwierig, aber recht lang, man sollte den Tag also früh beginnen oder unterwegs zelten.

Öffnungszeiten: Der Park ist ganzjährig geöffnet, ein Wanderurlaub eignet sich aber nur von Ende Juni bis Mitte September.

Eintritt: Der Eintritt in den Park ist frei. Camping kostet 10 CAD pro Person und Nacht.

Aktivitäten:

- Rund um die Mount Assiniboine Lodge können Sie großartige Tageswanderungen unternehmen. Mein Favorit: eine Rundtour zu drei atemberaubenden Bergseen, dem Magog Lake, Cerulean Lake und Elizabeth Lake (8 km).
- Spektakuläre Aussichten auf die Umgebung haben Sie vom Wonder Pass, der auf 2395 Metern Höhe liegt (6,2 km retour).
- Die beste Sicht auf den Mount Assiniboine genießen Sie vom Nublet Summit (5,8 km retour).

Unterkünfte:

- Die luxuriöse Mount Assiniboine Lodge hat im Sommer von Ende Juni bis Ende September geöffnet. Übernachtungen inkl. Vollpension kosten zwischen 465 und 680 CAD pro Person und Nacht.
- Die unweit der Lodge liegenden einfachen Naiset und Hind Cabins kosten 30 CAD pro Person und Nacht. Übernachtet und gekocht wird dort in Gemeinschaftsräumen auf Selbstversorger-Basis. Gebucht werden die Cabins über die Mount Assiniboine Lodge.
- Der Park bietet zudem Zeltplätze für rund 75 Camper. Die populärsten Zeltplätze liegen am Magog Lake und Og Lake und können online reserviert werden, *camping.bcparks.ca*

Website: *bcparks.ca/mount-assiniboine-park*

49. Meadows in the Sky Parkway: Strasse ins Wildblumenparadies

Es ist ein wahres Festival für die Augen. Die Wiesen hoch oben an der Baumgrenze sind übersät mit Wildblumen, so weit der Blick reicht: weiße Anemonen, gelber Hahnenklee, roter Paintbrush, blaue Lupinen, dazu bunte Blüten, die Sie in Europa wahrscheinlich noch nie gesehen haben. Bis heute macht mich diese Explosion der Farben ehrfürchtig.

Zu sehen ist das wunderbare Naturschauspiel jeden Sommer im August auf dem Hochplateau des Mount Revelstoke, einem 1938 Meter hohen Berg in den Nordausläufern der Selkirk Moun-

Blumenmeer auf dem Gipfelplateau des Mount Revelstoke

tains. Kurz nachdem hier der letzte Schnee geschmolzen ist, fährt die Natur alles auf, was sie zu bieten hat. Es ist ein Ausrufezeichen des Sommers, der hier oben nur kurz weilt.

Der Mount Revelstoke gehört zum gleichnamigen Nationalpark, einem vergleichsweise kleinen Schutzgebiet, das bei der Fahrt über den Trans-Canada Highway in die Rocky Mountains oftmals nur nebenher wahrgenommen wird. Was schade ist, denn an nur wenigen Orten in Kanada kann man so bequem so viele alpine Wildblumen bestaunen wie dort. Das Beste dabei: Sie können die Farbenpracht ganz ohne Wanderstiefel und Rucksack erleben – ein wendiges Auto reicht schon aus. Denn seit 1927 führt eine schmale asphaltierte Bergstraße aus dem Tal des Columbia River

mitten in das Blütenmeer hinein. Im Grunde brauchen Sie nicht einmal auszusteigen, oftmals genügt schon der Blick durch die Windschutzscheibe. Die Straße nennt sich Meadows in the Sky Parkway und führt vom Örtchen Revelstoke über 26 Kilometer bis auf das Gipfelplateau hinauf. Die Fahrt ist steil, kurvenreich und nichts für Ungeduldige. Insgesamt 16 Haarnadelkurven sind zu absolvieren, und die Route ist an manchen Stellen so schmal, dass sehr große Wohnmobile oder Anhänger fehl am Platze sind.

Die erste Hälfte der Strecke führt Sie durch dichte Nadelwälder mit riesigen Rotzedern und Hemlocktannen. In der zweiten Hälfte lichtet sich das Grün. Von Parkbuchten aus haben Sie einen tollen Blick in das Tal und auf die schneebedeckten Gipfel der Selkirks. Einmal oben angekommen, breiten sich zur richtigen Jahreszeit die Wildblumen vor Ihnen aus wie ein riesiger bunter Teppich.

Für Kurzbesucher empfehle ich einen zehnminütigen Spaziergang vom Gipfelplateau zum Heather Lake, einem subalpinen See. Schon auf diesen ersten, wenigen Schritten bekommen Sie einen guten Eindruck von der Blütenpracht. Richtig spektakulär wird das Erlebnis, wenn Sie von hier zweieinhalb Stunden und 200 Höhen-

Blick vom Parkway auf Revelstoke

meter weitergehen bis zum Miller oder Eva Lake. Diese Tageswanderung führt über sechs Kilometer an der Baumgrenze entlang und nach jeder Biegung bietet sich ein neuer spektakulärer Anblick. Wer ein Zelt zum Übernachten hat, der kann von hier über den Jade Lake Pass bis in die alpine Tundra der Selkirks vorstoßen. Die ist nicht nur Heimat für Wildblumen, sondern auch für Murmeltiere, Grizzlybären und Bergziegen.

INFO

Lage: Der Meadows in the Sky Parkway zweigt direkt vom Trans-Canada Highway ab, etwa 550 km östlich von Vancouver oder 300 km westlich von Banff, und liegt im Mount Revelstoke National Park. GPS: 51.0276681, -118.165662.

Anfahrt: Ausgangspunkt für den Meadows in the Sky Parkway ist die Umgehungsstraße des Örtchens Revelstoke. Der gut beschilderte Abzweig liegt etwa 1 km östlich der markanten Kreuzung von Victoria Road und Trans-Canada Highway.

Öffnungszeiten: Die Straße ist in der Regel von Mitte Mai bis Ende Oktober von 8 bis 20 Uhr geöffnet. Der obere Teil der Straße nahe dem Gipfelplateau ist erst befahrbar, wenn kein Schnee mehr liegt. Das kann Mitte Juli sein oder sogar noch später. Der sicherste Monat für Besucher ist August, dann sind auch die Blüten in voller Pracht. Auf dem allerletzten Stück Straße fährt ein Shuttlebus Besucher vom Parkplatz auf das Gipfelplateau hinauf.

Eintritt: 11 CAD pro Person und Tag. Kinder unter 18 Jahre fahren kostenlos.

Unterkünfte: Für Autofahrer gibt es im Ort Revelstoke eine gute Auswahl an Unterkünften und Campingplätzen. Auf dem Gipfelplateau befinden sich zwei kleine Zeltplätze für Wanderer. Sie liegen am Eva Lake und Jade Lake und haben jeweils vier Stellplätze, 13,50 CAD pro Person und Nacht, plus eine Reservierungsgebühr von 11,50 CAD. Reservierungen unter *reservation.pc.gc.ca*

Website: *parks.canada.ca/pn-np/bc/revelstoke*

50. BERG LAKE: DIE SPEKTAKULÄRE NORDSEITE DES MOUNT ROBSON

Was für ein Gigant! 3954 Meter misst der Mount Robson und ist damit der höchste Berg der kanadischen Rocky Mountains. Wer auf dem Yellowhead Highway von und nach Jasper unterwegs ist, der kann den Berg nicht übersehen, bei gutem Wetter jedenfalls. Dafür genügt schon ein Blick aus dem Autofenster oder von der Besucherterrasse am Highway.

Der Berg-Gletscher liegt auf der Rückseite des Mount Robson und ragt in den gleichnamigen See.

Der Anblick ist beeindruckend – und doch nur die halbe Miete. Denn die meisten Besucher bekommen auf diese Weise nur die Vorderseite des Mount Robson zu sehen, dabei ist seine Rückseite ungleich spektakulärer, wird aber nur von wenigen Wanderern besucht. Es lohnt sich also, eine Pause einzulegen und den Rucksack zu packen.

Unweit vom Besucherzentrum am Highway führt ein Wanderweg zur spektakulären Nordseite des Mount Robson. Berg Lake Trail heißt der gut ausgebaute Weg, und er bietet Besuchern zwei Optionen: Die erste führt über sieben Kilometer zum Kinney Lake, einem smaragdgrünen See im Wald, der es locker mit den Postkartenmotiven von Banff oder Jasper aufnehmen kann (den Berg-Gletscher kann man von hier aus allerdings noch nicht sehen). Die zweite Option ist noch spektakulärer, geht allerdings über eine Tageswanderung hinaus. Sie führt über zwei Tagesetappen oder

21 Kilometer zum Berg Lake und dem dazugehörigen Gletscher, den man von der Straße aus nicht erkennen kann und den 99 Prozent aller Reisenden nie zu Gesicht bekommen. Es ist ein Panorama, das zu den großartigsten in ganz Kanada gehört.

Ich bin den Weg zum Berg Lake mehrere Male selbst gewandert und jedes Mal aufs Neue sprachlos gewesen von der Urgewalt der Natur. Einmal am See angekommen, befinden Sie sich direkt unterhalb des Gletschers, dessen Zunge in den See hineinragt und immer mal wieder kalbt, sodass über viele Wochen größere und kleinere Eisberge im Wasser dümpeln.

Zwei vertikale Kilometer über dem See und Gletscher thront der Gipfel des Mount Robson, dessen Spitze selbst bei klarem Wetter oft von Schleierwolken umschlungen ist. Erstmals bezwungen wurde der Gipfel 1913 von dem in Österreich geborenen Alpinisten Conrad Kain. Noch heute gehört der Aufstieg zu den technisch anspruchsvollsten Routen in Kanada.

Für Wanderer wie du und ich gibt es am Berg Lake wunderschöne Zeltplätze direkt am Seeufer, dazu eine Schutzhütte für regnerische Tage. Auch ein Ranger des Mount Robson Provincial Park ist vor Ort für große und kleine Hilfestellungen des Alltags. Insgesamt ist der Weg einer der am besten ausgebauten und gepflegten Backcountry-Routen, die ich in Kanada kenne.

Blick von der Campsite am Robson Pass auf die Rückseite des Mount Robson

Die Sommerabende unter dem Gletscher gehören mit zu den schönsten, die ich in Kanada erlebt habe: Die untergehende Sonne taucht den Gipfel des Mount Robson in ein mystisch-orangefarbenes Licht. Die roten und rosa Wolken spiegeln sich neben den Eisbrocken im See und verwandeln die ganze Wasseroberfläche in ein riesiges, buntes Mosaik. Einfach atemberaubend!

INFO

Lage: Das Besucherzentrum des Mount Robson Provincial Park liegt 290 km östlich von Prince George oder 90 km westlich von Jasper direkt am Yellowhead Highway (oder Highway 16) und ist gut ausgeschildert. GPS: 53.0355003, -119.2289584.

Anfahrt: Den Startpunkt für den Berg Lake Trail erreichen Sie, wenn Sie vom Besucherzentrum die Schotterstraße Kinney Lake Road etwa 2 km bis zum Ende fahren, dort gibt es einen Parkplatz für Wanderer.

Öffnungszeiten: Der Park ist ganzjährig geöffnet, das Besucherzentrum von Mai bis Oktober. Eine Wanderung auf dem Berg Lake Trail empfiehlt sich von Mitte Juni bis Mitte September. Im Winter kann man mit Schneeschuhen bis zum Kinney Lake wandern, auch sehr schön!

Eintritt: Der Eintritt in den Park und die Tageswanderung zum Kinney Lake sind frei. Zeltcamping am Berg Lake Trail kostet 10 CAD pro Person und Nacht plus eine Reservierungsgebühr von 6 CAD.

Aktivitäten:

- Die Wanderung auf dem Berg Lake Trail bis zum Kinney Lake ist 7 km lang, einfach und als Tageswanderung geeignet. Wer bis zum Berg Lake will, der braucht Kondition und ein wenig Muskelkraft für Zelt und Rucksack. Für den Hin- und Rückweg sind jeweils 21 km und etwa 800 Höhenmeter zu bewältigen. Dabei schlängelt sich der Weg hinter dem Kinney Lake in Serpentinen nach oben, an spektakulären Wasserfällen vorbei bis über die Baumgrenze. Je nach Schwere des Rucksacks ist dieses Teilstück nicht zu unterschätzen. Die meisten Wanderer nehmen sich für den Aufstieg 2 Tage Zeit und übernachten unterwegs auf einer Campsite. Der Abstieg ist gut in einem Tag zu bewältigen. Achtung: Bis voraussichtlich 2025 finden auf dem Weg umfangreiche Reparaturen statt und Teile des Wegs können gesperrt sein. Erkundigen Sie sich im Besucherzentrum vorab über den Stand der Dinge.

- Robson Helimagic fliegt zwei Mal die Woche (montags und freitags) vom Örtchen Valemount per Helikopter an den Robson Pass unweit vom Berg Lake, um Camper abzuholen oder hinzubringen. Das ist für Wanderer interessant, die nicht genügend Zeit für die Hin- und Rücktour haben. Allerdings stehen die Flüge unter Wettervorbehalt, man kann sich also nicht 100-prozentig darauf verlassen, 265 CAD pro Person und Strecke; 3010 Selwyn, Valemount. Tel.: +1 877 454 4700, *robsonhelimagic.com*

Unterkünfte:

- Am Berg Lake Trail gibt es insgesamt 7 Zeltplätze, am schönsten sind die Plätze Kinney Lake (7 km vom Trailhead entfernt), Whitehorn (11 km), Berg Lake (20 km) und Robson Pass (22 km). Die Plätze sind nur zu Fuß erreichbar und einfach ausgestattet. Bei Kanadiern sind sie im Sommer beliebt, man sollte zeitig reservieren: *bcparks.ca/reservations/backcountry-camping*
- Für Autos und Wohnmobile bietet der Park einen Campingplatz in der Nähe des Besucherzentrums: Der Robson Meadows Campground ist zwischen Mitte Mai und Mitte September geöffnet und hat 125 Stellplätze, 28 CAD pro Nacht, mit Strom 36 CAD.

Website: *bcparks.ca/mount-robson-park*

REGISTER

A

Alaska Highway 17, 200 ff.
Alert Bay 116
Anahim Lake 154
Avatar Grove 99

B

Bamfield 100 ff.
Barclay Heritage Square 30 ff.
Barkerville 161, 163
Barkley Sound 102
Battleship Lake 106
BC Ferries 22, 77, 79, 119, 139, 143, 147, 154, 155
Bear Glacier 199
Bella Bella 143
Bella Coola 152 ff.
Bennett Dam 204 ff.
Berg Lake 248 ff.
Botanical Beach 96 ff.
Botany Bay 96 ff.
Boya Lake 202, 203
Brackendale 72 ff.
Britannia Shipyards 86, 87
Broughton Archipelago 132 ff.
Broughton Archipelago Provincial Park 135
Buckley Bay 23
Bugaboo Mountains 216, 224 ff.
Bugaboo Provincial Park 225, 226
Burgoyne Bay 78
Burrard Inlet 30, 51

C

Cache Creek 161, 162
Campbell River 131
Canadian Pacific Railway 10, 30, 172, 233
Cape Scott Provincial Park 121 ff.
Cariboo Mountains 161
Cariboo Wagon Road 161, 162
Castlegar 173
Celeste Lake 234
Cerulean Lake 243
Cheakamus Lake 70
Cheakamus River 65
Cheewhat Giant 23
Chilliwack 63
Circlet Lake 107
Clayoquot Sound 108, 109, 113, 115
Coast Mountains 69, 71, 105, 153, 161
Columbia Mountains 16, 180
Columbia River 23, 245
Cormorant Island 116 ff.
Cowichan Lake 23
Cranbrook 184, 186, 187
Cree 232
Croteau Lake 106
Cypress Mountain 31

D

Daajing Giids 147, 151
Dawson Creek 17, 200, 210, 215
Dease Lake 200 ff.
Deep Cove 46 ff.
Denman Island 23
Dr. Sun Yat-Sen Classical Chinese Garden 34 ff.
Duncan 23

E

Eagle Pass 10, 172
Elizabeth Lake 243
Emerald Glacier 233
Emerald Lake 233
English Bay 31
Eva Lake 247

F

Field 235
Flatbed Creek 208 ff.
Floe Lake 230, 231
Forbidden Plateau 104 ff.
Fraser, Simon 19
Fraser River 13, 19, 30, 60, 84, 160

Freedom Road 152 ff.
Fort St. John 204, 206

G
Ganges 76 ff.
Garibaldi Lake 68 ff.
Garibaldi Provincial Park 68 ff.
Gastown 38
Gitanyow 201
Gitwinksihlkw 194
Glacier National Park 16
Glendale Cove 128 ff.
Gmoser, Hans 225
Golden 16, 23, 226
Golden Hinde 104
Goldstream Provincial Park 92 ff.
Goldstream River 93
Graham Island 148
Granville Island 31
Great Bear Rainforest 12, 18, 141
Greenheart Tree Walk 42 ff.
Gulf Islands 12, 18, 76
Gulf Islands National Park 80, 83
Gulf of Georgia Cannery 85, 87
Gwaii Haanas National Park 146, 147

H
Hagensborg 153
Haida 17, 144 ff., 148 ff.
Haida Gwaii 12, 17, 18, 20, 144 ff., 148 ff.
Harrison Mills 60, 62
Harrison River 60
Hat Creek Ranch 160 ff.
Hazelton Mountains 192
Heather Lake 246
Heckman Pass 152
Helmcken Falls 21
Hesquiaht 111
Hope 173
Hot Springs Cove 108 ff.
Howe Sound 71
Hudsons's Bay 32
Hudson's Hope 205, 206
Huu-ayaht 102
Hyder 188, 196 ff.

I
Iceline Trail 233 ff.
Indian Arm 46
Indian Arm Provincial Park 48, 49
Inside Passage 18

J
Jade Lake 247
James Bruce Falls 21
Jones, Robert 212
Juan de Fuca Provincial Park 97, 98

K
Kain, Conrad 249
Kamloops 16
Kaslo 180 ff.
Kelowna 16, 174, 175
Kettle Valley Railway 172 ff.
Kiixin 102, 103
Kilby Historic Site 60 ff.
Kilby Provincial Park 63
Kildonan 101
Kimberley 23
Kinaskan Lake Provincial Park 202, 203
Kinney Lake 248, 250, 251
Kinuseo Falls 212 ff.
Kitasoo-Xai'Xais 141 ff.
Kitimat 202
Kitsilano 42, 45, 54
Kitwanga 201, 203
Klemtu 140 ff.
Knight Inlet 128 ff.
Kootenay Lake 180 ff.
Kootenay National Park 12, 228 ff.
Ktunaxa 184 ff.
Kwai Lake 105
Kwakwaka'wakw 116, 118

L
Lady Lake 106
Lake Helen Mackenzie 107

Lake McArthur 238, 239
Lake O'Hara 236 ff.
Laxgalts'ap 194, 195
Louie, Clarance 168
Lussier Hot Springs 220 ff.
Lussier River 221, 222
Lynn Canyon Park 50 ff.
Lynn Creek 51
Lytton 13

M
MacDonald, Edward Hervey 237
Magog Lake 241
Maquinna Provincial Park 110, 111
Masset 146
Meadows in the Sky Parkway 244 ff.
Meares Island 112 ff.
Meziadin Lake Provincial Park 203
Miller Lake 247
Monkman Provincial Park 213 ff.
Mount Assiniboine Provincial Park 12, 240 ff.
Mount Robson Provincial Park 248 ff.
Mount Washington 104, 107
Murray River 214
Myra Canyon 172 ff.

N
Naikoon Provincial Park 148 ff.
Nanaimo 11, 107
Nass Valley 192 ff.
Nelson 180, 182
Nimmo Bay 133 ff.
Nisga'a 192 ff.
Nisga'a Memorial Lava Bed 192 ff.
Nk'Mip 166, 168 ff.
Nublet Summit 240, 243
Nuxalk 153

O
Og Lake 243
Okanagan Lake 16, 157, 174
Okanagan Valley 16, 166, 169, 171, 172
Opabin Plateau 239
Osoyoos 165 ff., 168 ff.
Osoyoos Lake 169

P
Pacific Rim National Park Reserve 23, 108
Pacific Spirit Regional Park 55
Pachena Bay 102, 103
Paradise Meadows 104 ff.
Peace River 204, 206, 207
Pender Island 19
Penticton 16, 172
Port Alberni 100, 103
Port Hardy 120, 121, 123, 154
Portland Canal 197, 199
Port Renfrew 96 ff.
Powell River 136 ff.
Prince George 161, 210
Prince Rupert 12, 13, 144, 147, 195
Princess Louisa Inlet 21
Purcell Mountains 23, 185, 224

Q
Queen Charlotte Strait 134

R
Radium Hot Springs 223, 226, 230, 231, 242
Railtown 38 ff.
Rattenbury, Francis 32
Reid, Bill 20, 45
Revelstoke 178, 180, 182, 244 ff.
Revelstoke National Park 16, 244 ff.
Richmond 84, 87
Robson Pass 250, 251
Rockwall Trail 228 ff.
Rocky Mountains 11, 12, 14, 19, 172, 176, 201, 204, 208, 213, 214, 220 ff., 228 ff., 232 ff., 236 ff., 240 ff., 248 ff.
Roedde House Museum 32, 33
Roedde, Gustav Adolf 32
Rogers Pass 16

S
Salish Sea 14, 76
Salmon Arm 179
Salmon Glacier 197 ff.
Salt Spring Island 19, 76 ff.
Sandon 183
San Josef Bay 120 ff.
Sea-to-Sky Highway 67, 68, 71
Selkirk Mountains 244
SGangGwaay 12, 144 ff.
Shuswap Lake 177 ff.
Shuswap Lake Marine Provincial Park 179
Sicamous 176 ff.
Sidney 81, 83
Sidney Island 80 ff.
Similkameen Valley 16, 164
Skidegate 146, 151
Smith, Donald A. 10
Spotted Lake 164 ff.
Squamish 68
Squamish River 72
Stanley Park 31
Stawamus Chief 68
St. Eugene 184 ff.
Steveston 84 ff.
Stewart 188, 196 ff., 201
Stewart-Cassiar Highway 192, 197, 200 ff.
Strait of Georgia 18, 80, 82, 83, 105
Strathcona Provincial Park 104 ff.
Sullivan Bay 132, 134, 135
Sunshine Coast 21, 136

T
Tā Ch'ilā Provincial Park 203
Takakkaw Falls 21, 233, 235
Tanu 21
Terrace 159
Telegraph Cove 130, 131, 133 ff.
Telegraph Creek 202
Tlell 149
Tofino 102, 108 ff., 113, 115
Trans-Canada Highway 60, 94, 176, 234, 245
Tumbler Ridge 208 ff., 213
Tweedsmuir Provincial Park 153, 155
Twin Falls 233 ff.

U
UBC Botanical Gardens 42 ff.
U'mista Cultural Centre 118, 119

V
Valemount 251
Vancouver 11, 15, 20, 26, 28, 30 ff., 34 ff., 38 ff., 42 ff., 46 ff., 50 ff., 54 ff., 56, 76, 84, 136, 153
Vancouver Island 12, 14, 18, 23, 32, 76, 80, 88, 92 ff., 96 ff., 100 ff., 104 ff., 108 ff., 112 ff., 116 ff., 120 ff., 130, 132, 136, 153, 154
Vancouver, George 30, 137
Vermilion Pass 228
Vernon 16
Victoria 14, 32, 76, 83, 92, 97

W
Wapta Icefield 234
Watson Lake 200
Wells Gray Provincial Park 16, 21
West Coast Trail 96, 99, 102
Whistler 64 ff., 68, 72, 75
Whiteswan Lake Provincial Park 220 ff.
Williston Lake 205, 207
Wolverine River 209
Wonder Pass 243
Wreck Beach 54 ff.

Y
Yellowhead Highway 200, 248
Yoho National Park 12, 21, 232 ff., 236 ff.
Yoho Valley 233 ff.

Bildnachweis:

Alle Bilder von Jörg Michel, außer: 1920 CC0 S. 209 | A. Davey CC BY 2.0 S. 141 | ABC Ale Trail S. 66o | Adobe Stock Coverfotos, S. 9 | Alan & Flora Botting_CC BY-SA 2.0 S. 51 | Alan D. Wilson CC BY-SA 2.0 S. 73 | Andres M. Panti CC BY-SA 3.0 S. 204, 205 | Andysonic777 CC-BY-SA-3.0 S. 69, 70 | Coffeerob CC BY-SA 3.0 S. 138u | D Taylor in Idaho CC BY 2.0 S. 180, 183 | Daderot Own work S. 46/47 | daveyninCC BY 2.0 S. 246 | David J Laporte CC BY 2.0 S. 111 | David Wise CC BY 2.0 S. 173 | Destination BC/Albert Normandin S. 216/217 | Destination BC/Andrew Strain S. 165, 166u, 206 | Destination BC/Blake Jorgenson S. 160-162 | Destination BC/David Gluns S. 181o | Destination BC/Grant Harder S. 192, 193, 194u | Destination BC/Joann Pai S. 145o S. 169o | Destination BC/Kari Medig S. 154, 174, 182, 184, 186, 226 | Destination BC/Mike Seehagel S. 208, 210, 214 | Destination BC/Reuben Reuben Krabbe S. 56/57 | Destination BC/Zoye Lynck S. 220/221 | Emanuel Smedbol S. 194o | Getty Images/Flickr S. 124/125 | Gold-stream_Provincial_Park cc by sa 4.0 S. 94 | GoToVan -CC BY 2.0 S. 50 | Graham Lewis cc by sa 2.0 S. 234 | Grant Harder S. 36, 84, 86o, 86u, 148/149 | Guilhem Vellut from Paris France CC BY 2.0 S. 40u | HameltionCC BY-SA 4.0 136/137 | Harold Ceccheetti CC BY-SA 2.0 S. 48 | heipei CC BY-SA 2.0 S. 68 | Jack Borno cc by-sa 3.0 S. 236 | James Edward Hervey MacDonald S. 237o | Jeff Hitchcock cc by sa 2.0 S. 32, 38, 39u, 52 | Karen Neoh CC BY 2.0 S. 150 | Karten – Map-creator.io, OSM.org, ©DLR, ©Airbus Defense and Space, ©Copernicus S. 254, 25, 29, 59, 91, 127, 159, 191, 219 | Kyle Pearce_CC BY-SA 2.0 S. 54 | Laurie MacBride cc by-sa 4.0 S. 110 S. 132 | Mack Male CC BY-SA 2.0 S. 172 | Marcel Burkhard CC BY-SA 2.0 S. 133o | Marcin Chady_CC BY 2.0 S. 34, 49 | Maximilian Helm CC BY 2.0 S. 141u | Nicolas Untz CC BY-SA 2.0 S. 26/27 | Nikki from Canada S. 181u | Prayitno CC BY 2.0 S. 35 | Robert Pittman, Public domain S. 133u | Roland Tang CC BY 2-0 S. 40o | Ruth Hartnup CC BY 2.0 S. 62, 64, 66u, 134 | Ruth Hartnup S. 62 | RyanvanVeen CC BY-SA 2.0 S. 178 | Shuswap Tourism/Darren Robinson S. 176/177 | Sue E CC BY-SA 3.0 S. 97, 98 | Susan Clarke cc by sa 2.o S. 212/213 | Thomas Quine CC BY 2.0 S. 74o, 74u | Torecles - Own work, CC BY-SA 3.0 S. 31 | Torecles CC BY-SA 3.0 S. 30 | Tourism Vancouver/Nelson Mouellic S. 38o | Tuchodi cc by-sa 2.0 S. 188/189